——————————— 님의 소중한 미래를 위해
이 책을 드립니다.

무역 공부는
난생 처음입니다만

무역 공부는 난생  처음 입니다만

무역이 이렇게
쉽고 재미있는
것이었다니!

김용수 지음

메이트북스

메이트북스 우리는 책이 독자를 위한 것임을 잊지 않는다.
우리는 독자의 꿈을 사랑하고,
그 꿈이 실현될 수 있는 도구를 세상에 내놓는다.

무역 공부는 난생 처음입니다만

초판 1쇄 발행 2019년 11월 7일 **┃ 초판 5쇄 발행** 2023년 5월 20일 **┃ 지은이** 김용수
펴낸곳 (주)원앤원콘텐츠그룹 **┃ 펴낸이** 강현규·정영훈
책임편집 안정연 **┃ 편집** 박은지·남수정 **┃ 디자인** 최선희
마케팅 김형진·이선미·정채훈 **┃ 경영지원** 최향숙
등록번호 제301-2006-001호 **┃ 등록일자** 2013년 5월 24일
주소 04607 서울시 중구 다산로 139 랜더스빌딩 5층 **┃ 전화** (02)2234-7117
팩스 (02)2234-1086 **┃ 홈페이지** www.matebooks.co.kr **┃ 이메일** khg0109@hanmail.net
값 16,000원 **┃ ISBN** 979-11-6002-254-4 03320

이 도서의 국립중앙도서관 출판시도서목록(CIP)은 e-CIP홈페이지(http://www.nl.go.kr/ecip)에서
이용하실 수 있습니다.(CIP제어번호: CIP2019037821)

완벽주의자가 되려 하지 말고
경험주의자가 되라

• 엘렌 코트(프랑스 시인) •

무역은
공기와 같습니다

공기는 인간이 있는 곳에 어김없이 있습니다. 또한 있어야만 합니다. 조금 비약일 수도 있지만 무역도 공기에 비유할 수 있습니다. 무역을 통해 들어온 온갖 제품이 알게 모르게 없는 곳 없이 우리와 함께하고 있습니다. 자주 가는 식당의 원산지 표시 또한 무역과 관련된 것입니다.

이렇게 무역은 어디에나 있지만 우리는 무역에 대해 알지 못하고 관심도 없습니다. 환율이 오르락내리락 하고 국제유가가 들썩일 때마다 서민 물가도 함께 들썩거리고 운전자들의 마음도 콩닥거립니다. 무역도 환율이나 유가처럼 우리의 삶에 너무나 밀접하게 관련되어 있지만 사람들은 무역에 대해 막연하게나마 알고 있고, 잊고 지냅니다.

아마도 무역이 사람들의 관심 밖인 이유는 무역이 어렵기 때문일 것입니다. 일단 무역용어를 볼까요?

'신용장, 선하증권, 세 번, 간이정액환급'

우리말이지만 어떤 뜻인지 추측도 하기 어려운 단어들입니다. 물론 이런 무역용어들은 전문용어라 어렵다고 이해할 수 있지만 그 단어의 뜻풀이도 만만찮게 어려운 것이 사실입니다.

처음 무역을 하려는 사람들이 나름 꿈을 꾸며 무역책을 읽지만 이내 책을 내려놓는 것도 '어려워서'일 겁니다. 우리말로 써졌지만 무슨 말인지 모르겠다는 것이지요. 무슨 말인지 모른 채 그냥 읽다보면 지루해지고 아마 몇 장 읽지 않고 책을 놓게 될 겁니다.

무역이 어려운 또 다른 이유는 어떻게 진행되는지 몰라서입니다. 어떻게 수출되어서 수입되는지를 모른 채로 막연히 읽다보면 당연히 지루해질 겁니다.

무역용어와 프로세스를 이해하자

일단 무역 책을 읽을 때 나름의 방향점을 가지고 독서를 했으면 하는 바람입니다. 즉 물건이 어떻게 수출되어서 수입되는지 그 과정을 일단 한번 머릿속에 그려봅니다.

그리고 매 과정마다 나오는 각종 용어들의 뜻이 어떻게 되는지 잘 이해하도록 합니다. 이 책의 '1장'을 읽으면 어느 정도 수출입과정에 대한 이해를 할 수 있을 것이라 생각합니다. 문제는 용어입니다.

무역에 나와 있는 용어는 영어로 된 것, 영어를 일본식한자로 번역한 것을 우리말로 옮긴 것, 우리식한자어를 한글로 쓴 것, 긴 영어를 짧게 자른 말 등이 있습니다.

이러한 용어들은 실제로 무역현장에서 쓰이고 있고 용어를 모르면 업무를 하기가 어렵기 때문에 반드시 무역용어들을 잘 이해해야 합니다. 이 책에서는 이러한 난해한 용어들에 대한 이해를 돕도록 노력을 기울였습니다.

실제로 무역실무를 해보면 내가 하는 업무보다는 일이 진행되도록 여러 기관을 조율하고 일의 진척 상황에 따라 여러 가지를 물어보고 확인하는 과정이 많음을 알 수 있습니다. 그래서 업무를 잘하기 위해서는 소통이 잘 이루어져야 하는데, 무역용어를 잘 모르면 업무가 더 더지거나 실수할 수도 있습니다. 그런 경우 이 책이 도움이 되었으면 합니다.

무역실무는 매뉴얼이다

무역실무라는 것은 무역을 하기 위해 실제로 하는 업무를 말하는 것으로 수출과 수입을 위한 보조적인 업무입니다. 다른 말로 무역실무는 매뉴얼이라 할 수 있습니다. 매뉴얼이라는 것은 기계 등을 작동시키기 위한 사용설명서입니다. 우리는 기계를 작동시키기 위해서 매뉴얼을 보는 것이지 매뉴얼 자체를 공부하지는 않습니다.

마찬가지로 무역실무도 수출입을 하기 위해 어떻게 하는지 알기 위해 공부하는 것이지, 무역실무가 주는 아닙니다. 이 점을 잘 참고해 되도록 이 책은 빨리 읽어서 습득한 후 우리의 진짜 목적인 제품수출입에 제대로 활용했으면 합니다.

참고로 독자여러분에게 작게나마 도움을 드리기 위해 네이버카페를 개설했고, 유튜브에 관련 자료 몇 개를 올려놨으니 참고하기 바랍니다. 네이버카페는 '친절한 무역실무'라는 이름으로 개설했고, 유튜브는 '친절한 무역실무'로 관련 동영상을 확인할 수 있습니다.

끝으로 이 책이 나오기까지 힘이 되어준 사랑하는 아내와 아이들에게 감사의 인사를 전하며 이 책을 읽는 후배 무역실무자들의 건투를 빕니다.

참고로, 이 책을 읽다가 궁금한 점이 있다면 네이버 까페 〈친절한 무역실무(blog.naver.com/sooh0001)〉가 도움이 될 것입니다.

김용수

Chapter 01 무역실무, 이보다 더 쉬울 수 없다

Chapter 03
통관을 모르면 앞으로 남고 뒤로 밑진다

Chapter 04 무엇보다 결제가 가장 중요하다

Chapter 05 무역서류, 이보다 더 쉽고 알찰 수 없다

무역실무에서 무역이라는 것은 보통 수출과 수입을 의미한다. 수출은 내가 해외로 제품을 판매하는 것이고, 수입은 내가 해외의 제품을 구매하는 것이다. 수출이나 수입을, 혹은 수출과 수입을 모두 합쳐 무역이라 한다. 그리고 실무라는 것은 실제로 이루어지는 업무다. 즉 무역실무는 우리가 수출이나 수입을 할 때, 실제로 행하는 모든 업무를 의미한다. 이제부터 무역현장에서 실제로 이루어지고 있는 무역업무에는 무엇이 있는지 1장에서 살펴보기로 하겠다.

무역실무, 이보다 더 쉬울 수 없다

무역실무는
말을 배우는 과정이다

실제로 무역실무를 하다 보면 다양한 무역용어가 쓰이는데, 실무자가 무역용어를 잘 모르면 오해나 실수가 생겨 업무 진행에 차질을 빚는다.

무역의 매뉴얼을 익히자

매뉴얼이라는 것은 사용설명서다. 사용설명서라는 것은 어떻게 사용하는지에 대해 써놓은 것을 말한다. 무역에서 매뉴얼이라는 것, 즉 어떻게 무역을 하는지에 대한 설명이 무역실무라 할 수 있다. 무역실무는 무역에서 이루어지는 실제 업무라는 의미다.

매뉴얼에는 TV 리모컨 매뉴얼에서부터 재난시 어떻게 행동해야 하는지에 대해 써놓은 재난 대응 매뉴얼 등 그 종류도 다양하다. TV 리모컨 사용을 위해 매뉴얼을 꼼꼼히 확인하는 사람이 있지만 무작정 누르다가 사용 방법을 터득하는 사람도 있다.

리모컨과 무역의 차이점은 리모컨을 서툴게 다룬다고 해서 손해를 끼칠 만한 일은 일어나지 않지만 무역은 다르다는 것이다. TV 리모콘을 이리저리 눌러도 크게 손해를 보거나 하는 것은 딱히 없다. 하지만 무역은 돈과 물건 그리고 많은 시간이 소요되는 만큼 일하는 데 주의를 해야 한다.

무역에 대해 아무것도 모르는데도 '이것도 경험'이라는 생각으로 시작하면 정작 수입이 금지되는 제품인지도 모른 채 결제만 하고 물건은 못 받거나 배로 보내야 할 물건을 비행기로 보내 큰 손해를 보기도 한다. 다시 말해 실수를 통해 배우겠다는 마음으로 아무것도 모른 채로 무역을 하기에는 마이너스가 너무 많다.

무역실무를 배워야 하는 이유

무역실무를 배워야 하는 이유로는 시행착오, 즉 실수를 줄여서 시간과 물적 손해를 줄여보자는 의미가 있다. 그리고 또 다른 이유로는 무역할 때 필요한 업체와 제대로 된 대화를 하기 위해서다. 어느 분야나 마찬가지이지만 무역에서도 그 나름의 프로세스(진행과정)가 있고, 무역에서만 쓰는 독특한 용어들이 있다. 무역실무를 배워야 하는 가장 큰 이유 중 하나는 무역에서만 유통되는 용어, 즉 말을 배워야 하기 때문이다.

무역에서 무역실무자는 직접 나서서 무언가를 하기보다 일이 제대로 되도록 조율하고 확인하는 것이 주업무다. 예를 들어 무언가를 수출하는 경우 배나 비행기를 이용하게 되는데, 이때 무역실무자가 직접 배나 비행기를 몰고 수출하는 것이 아닌 운송업체를 이용하게 된다.

운송업자를 이용할 때 운송업자 측에서는 운송료 책정을 위해 크기를 묻고 운송료를 누가 부담하는지 여러 가지를 묻는다. 그리고 화물 크기를 물을 때는 크기가 아닌 '씨비엠이 어떻게 되냐'고 묻는다. 이 외에도 운송료를 수입업자가 부담하는지, 수출업자가 부담하는지, 가격조건이 어떻게 되는지도 물어본다.

무역의 실제 업무를 하다 보면 다양한 무역용어가 나오는데, 실무자가 무역 용어를 잘 모른다면 오해나 실수가 생겨 진행에 차질을 빚게 된다. 실제 업무에 있어 업무적 소통을 위해 무역실무 학습은 꼭 필요하다.

씨비엠(CBM)과 가격조건의 의미
- 씨비엠(CBM): CuBic Meter의 약자다. 우리말로는 입방미터라고 하는데 '가로×세로×높이'에 대한 단위다. 부피, 즉 화물의 크기를 계산할 때 이용된다. 자세한 것은 운송 편에서 다시 다루도록 하겠다.
- 가격조건: 인코텀즈라고 하는데, 운송료를 누가 부담하는지에 대한 무역용어다. 쉽게 말해 착불·현불의 개념이다. 자세한 것은 인코텀즈 편에서 다루도록 하겠다.

제품의 수출입 프로세스가
무역실무의 99%다

무역실무에서 제일 중요한 것은 제품이 수출되어서 수입되는 과정인 수출입 프로세스이며, 이것이 기본이다.

시작과 끝을 알면 두려움은 안녕

공포영화를 볼 때 가장 무서운 장면은 아마 무언가 나타나기 전일 것이다. 무엇이 나타날지, 언제 끝날지 내내 조마조마해야 하는 것이 공포영화의 주요 포인트가 아닐까. 미리 알아 대비한다면 공포영화든 무역이든 인생이든 어려울 것이 없을 것이다. 독자가 이 책을 집어든 이유도 시작과 끝을 알 수 없는 무역에 대한 궁금증 때문일 것이다.

먼저 수출업자인 내가 판매(수출)하는 것이 무역의 시작이라면, 수입업자가 그 물건을 인수하는 것이 무역의 완료이다. 이것이 수출입 프로세스, 즉 무역실무의 전부라 할 수 있다.

수출입 프로세스는 운송과정이다

일반적으로 판매와 구매는 우리나라 안에서 이루어지는 것이고, 수출과 수입은 다른 나라의 바이어(구매자)와 셀러(판매자)와의 거래를 말한다. 말만 어렵지 수출과 수입은 판매 및 구매가 진행되는 과정과 큰차이가 없다.

무역이라는 것이 하늘에서 뚝 떨어져서 전혀 생소한 분야가 아닌 이상 이미 거래해본 분야인데, 차이라면 조금 낯선 몇 가지가 있다는 것이다.

판매자는 돈을 받고 물건을 구매자에게 넘겨주거나 물건을 먼저 주고 돈은 나중에 받기도 한다. 마찬가지로 수출업자도 돈을 받고 물건을 수입업자에게 넘겨주거나 물건 먼저 수입업자에게 주고 나중에 돈을 받기도 한다.

예를 들어 스마트폰 충전 케이블을 판매하는 인터넷 쇼핑몰을 운영한다고 하자. 고객이 쇼핑몰에서 다양한 충전 케이블을 구경하다가 마음에 드는 것을 발견하고 카드로 결제해 구매한다. 그러면 판매자는 택배 등으로 케이블을 고객에게 배송한다.

결제(소비자가 물건 대금 결제) → 전달(쇼핑몰에서 스마트폰 충전 케이블 배송) → 인수(소비자가 스마트폰 충전 케이블 인수)

이렇게 국내 장사만 하다가, 우연히 한국산 화장품을 프랑스로 수출하게 되었다. 미리 돈을 받고 제품을 수출하기로 계약했기 때문에 먼저 돈을 받은 후 수출업자는 화물을 수입업자에게 배송한다.

> 결제(화장품 대금 결제) → 전달(프랑스까지 배송) → 인수(수입업자가 화장품 인수)

혹은 아래처럼 물건을 받은 후 결제할 수도 있다.

> 전달(프랑스까지 배송) → 인수(수입업자가 화장품 인수) → 결제(화장품 대금 결제)

위의 과정에서 '전달(프랑스까지 배송)'을 자세히 풀면 아래와 같다.

> 화장품 판매상 → 내륙운송 → 공항(혹은 항구) → 비행기(혹은 배)로 배송 → 공항(혹은 항구) → 내륙운송 → 수입업자가 인수

이와 같이 수출입 프로세스는 운송과정이 대부분이라 할 수 있다. 하지만 매우 중요한 한 가지가 빠졌는데 바로 '통관'이다.

사람은 출입국 수속, 물건은 수출입 통관

해외로 여행을 가기 위해 사람들은 보통 비행기를 이용한다. 비행기를 타기 위해서는 비행기표와 함께 반드시 여권이 필요하다. 그리고 비행기를 타기 전에 출국수속을 밟는다. 보안검색대에서 보안요원을 통해 몸 검사를 한 후, 출국심사대에서 여권과 비행기표를 보여주고 심사를 받는다. 비행기를 타고 다른 나라에 도착하면 입국수속을 밟는다. 출국에서와 마찬가지로 여권과 비자 등을 보여주고 입국 심사를 받는다.

이와 마찬가지로 물건도 공항이나 항구에서 비행기나 배에 실리기 전 검사를 받는데, 수출시 받는 검사를 수출검사라고 한다. 물건이 수입지 공항이나 항구에 도착하면 수입업자가 화물을 인수하기 전에 검사를 받는데, 이를 수입검사라 한다. 이러한 수출입 검사를 '통관'이라 한다.

통(通)이라는 것은 지나간다는 말이고, 관(關)은 관청을 말하는데 여기서는 세관을 의미한다. 세관은 수출검사와 수입검사를 하는 국가기관으로, 모든 수출되거나 수입되는 제품은 통관, 즉 세관의 검사 없이는 수출업자는 수출을 진행할 수 없고, 수입업자는 제품을 인수할 수 없다.

다음은 앞서의 화장품이 수출되어서 수입되는 과정에서 통관과정을 추가한 것이다.

수출업자(화장품 판매상) → 내륙운송 → 수출지 공항(혹은 항구) 도착 → 통관(수출제품 검사) → 비행기(혹은 배)에 화물 적재 → 비행기(혹은 배) 출발 → 수입지 공항(혹은 항구 도착) → 통관(수입제품 검사) → 내륙운송 → 수입업자가 화물 인수

세관은 제품검사를 할 때, 수출이나 수입을 해도 되는 제품인지 판단하고, 관세라는 세금을 부과한다. 무역하는 사람이 수출이나 수입이 가능한지 혹은 관세를 모르면, 즉 통관을 모르면 많이 남는 거 같은데 실제로 수입을 해서 팔아보면 손해를 보기도 한다.

사진으로 배우는
수출입 프로세스

발주를 받은 이후 제품이 생산되고 배송되어 수입업자가 화물을 받기까지의 모든 과정을
사진으로 배워보도록 하겠다. 찬찬히 보면 많은 것을 익힐 수 있을 것이다.

수출업자/제품생산

제품생산이 완료되어 포장된 채로 운송대기하고 있다. 동그라미는 팔레트를 표시한 것이다. 팔레
트는 화물받침대로, 지게차 같은 화물 운송장비가 무겁고 큰 화물을 운송할 때 요긴하다. 이때쯤
수출통관을 위해 세관에 수출신고를 하는 것이 좋다.

화물 운송수단에 적재

1. 트럭에 수출화물을 실어서 항구(혹은 공항)까지 배송

수출화물을 트럭에 실어서 항구까지 화물을 배송한다. 트럭은 한 회사의 화물만 싣고 가거나 다른 회사의 화물을 같이 싣고 가기도 한다. 참고로 사진속 동그라미 표시가 된 것은 트럭의 문짝으로 자동으로 열린다. 이와 같이 트럭의 화물칸이 옆으로 열리는 차를 '윙카'라고 한다.

2. 화물이 많을 경우 컨테이너에 화물을 실어서 항구까지 이동

옆에서 본 트레일러와 컨테이너. 컨테이너는 차량 뒤쪽에 있는 사각통을 의미한다. 참고로 컨테이너를 운반하는 차량을 트레일러라고 하는데, 실무에서는 '츄레라'라고 하기도 한다.

컨테이너에 화물을 싣고 있는 모습

컨테이너에 화물을 다 실은 후 사진과
같이 문을 닫는다.

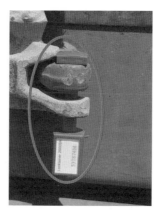

왼쪽 사진은 컨테이너 문을 닫은 후 '씰'을 설치하는 모습이다. 오른쪽은 '씰'이 채워진 모습이다.
화물을 꺼내기 위해서는 '씰'을 절단해야만 한다. 즉 '씰'은 화물 주인 외의 사람이 컨테이너를 여
는 것을 방지하기 위한 것이다. 각 씰에는 각각의 고유번호가 있어서 누군가 '씰'을 훼손하고 다른
'씰'로 바꾸지 못한다.

내륙운송

컨테이너에 화물을 싣고 '씰'까지 부착한 후에 컨테이너는 항구로
이동한다.

컨테이너를 싣고 항구로 가는 트레일
러의 모습

항구(혹은 공항)에 도착

항구(혹은 공항)에 도착한 화물은 보세구역에 대기했다가 배나 비행기
에 실린다. 보세구역은 수출화물이 배나 비행기에 실리기 전까지 그
리고 수입지 항구나 공항에 도착한 수입화물이 배나 비행기에 내려 보
관되는 장소를 말한다.

배에 적재하기 전 대기하고 있는 컨테이너와 크레인의 모습이다. 작은 상자들이 컨테이너이며, 컨테이너 위에 있는 설치물이 크레인이다. 크레인으로 컨테이너를 들어서 배에 선적한다.

통관(수출제품 검사)

모든 수출제품은 수출하는 제품이 무엇인지, 어디로 수출하는지를 정부관청에 신고해야 하는데 이 관청이 세관이다. 그리고 세관을 관할하는 관청이 관세청이다.

　보통 수출제품은 세관의 서류확인으로 수출검사가 완료되며, 수출신고 및 검사가 완료되면 수출신고가 완료되었다(畢, 마칠 필)는 증명서(證, 증거 증)인 수출신고필증이 발행된다. 수출화물이 보세구역에 들어가기 전에 수출신고를 마치도록 한다.

배(혹은 비행기)에 적재

보세구역에 대기하고 있던 화물은 일정 시간이 되면 배나 비행기에 실린다. 수출화물은 배나 비행기에 실리기 전 미리 보세구역에 도착해 있어야 정해진 시간에 배 또는 비행기에 실릴 수 있다.

미리 보세구역에 도착해 있어야 하는 시간을 무역에서는 카고클로징(cargo closing)이라고 하며, 화물 보세구역 도착 마감시간 정도로 해석하면 되겠다.

항구의 모습을 모형으로 만든 것이다. 동그라미가 컨테이너를 배에 싣는 크레인이라는 운반기구이며, 크레인 뒤쪽의 사각형은 컨테이너다. 현재 컨테이너는 보세구역에 모여 있는 모습이다. 컨테이너(container)를 모아놓는 장소(yard)를 무역에서는 씨와이(CY)라고 한다.

비행기에 실리기 전 대기하고 있는 수출화물과 비행기의 모습이다.

배(혹은 비행기) 출발

화물의 적재가 완료되면 배(혹은 비행기)는 수입지 항구(혹은 공항)로 출발한다.

수입지 항구로 출발하는 배의 모습이다. 보통 컨테이너를 싣는 배를 컨테이너 선이라고 한다.

수입지 항구(혹은 공항) 도착

배(혹은 비행기)로 항구(혹은 공항)에 도착한 화물은 보세구역에 모아 둔다. 보세구역은 관세 등이 아직 책정되지 않은 화물을 보관하는 곳이다. 참고로 컨테이너를 보관하는 곳을 씨와이(CY)라고 한다.

　여러 회사의 화물이 하나의 컨테이너에 실리기도 하는데, 이 경우 컨테이너는 씨와이(CY)에 모였다가 컨테이너에 있는 화물을 다시 회사별로 분류하기 위해 컨테이너를 다른 장소로 옮긴다. 이 장소를 씨에프에스(CFS)라고 한다. 씨에프에스(CFS)는 Container Freight Station의 줄임말로, 우리말로는 컨테이너 화물 집하장 정도로 해석하면 되겠다. 즉 1개의 컨테이너에 있는 여러 회사의 화물을 씨에프에스(CFS)에서 회사별로 분류한다.

통관(수입제품 검사)

세관에 수입하는 제품에 대한 신고를 하며, 이때 관련 서류를 세관에 제출해 신고한다. 신고는 수입자가 직접 하거나 관세사라는 수출입신고 전문대행사를 통해서 한다. 세관 제출서류로는 인보이스와 패킹, 비엘(B/L) 등이 있고, 제품에 따라 추가 서류가 필요하다.

　세관은 제출된 서류로 제품에 대한 검사를 하거나, 실제 제품의 포장을 뜯어서 확인하기도 한다. 제품에 문제가 없으면 세관은 수입신고가 완료되었음을 증명하는 서류를 발급하는데, 이것을 수입신고필증이라 한다. 참고로 수입제품 신고에서 검사 등의 과정을 통관이라 하며, 수입시의 통관을 수입통관이라 한다.

내륙운송

통관이 완료된 제품은 운송을 통해서 회사까지 운송한다. 이때 적절한 운송회사가 없을 경우 선박운송회사나 관세사에게 소개를 부탁하면 된다. 이때 운송료는 화물 크기 및 거리에 따라 다르다.

화물을 실은 트럭이 회사로 들어오는 모습

수입업자의 제품 인수

인수한 화물을 창고에 넣는다.

컨테이너에서 지게차로 화물을 꺼내는 모습

　　이것이 제품이 수출되어서 수입되는 과정인 수출입 프로세스다. 앞
으로 나올 내용은 모두 이 수출입 프로세스의 세부적인 것으로, 이 프
로세스만 잘 이해한다면 앞으로 나올 내용도 그리 어렵지 않을 것
이다.

잘 모르겠다면 전문가의
도움을 받는 것도 실력이다

수출 및 수입을 지원하기 위한 많은 전문가 집단이 질문과 도움 요청을 기다리고 있다. 하지만 기본이 너무 없으면 도움을 받는 데도 어려움이 있으므로 유의하자.

국제운송 전문가, 포워더

포워더는 무역에서 가장 많이 쓰이는 용어 중 하나로, 생소하지만 쉽게 말해 운송회사다. 외국에서 전해진 말이기도 하고, 다양한 나라에서 쓰이는 관계로 의미는 같지만 다르게 쓰이기도 한다. 즉 포워더(FORWARDER)라고도 하지만 포워딩 회사(FORWARDING COMPANY) 혹은 포워딩 에이전시(FORWARDING AGENCY)라고도 한다.

모두 운송회사를 지칭하는 것으로, 특히 국제 운송을 위주로 하기에 국내 운송회사와 구별하기 위해 국제 운송회사 혹은 국제 운송업체라 하기도 한다.

특징이라면 비행기나 배 같은 운송수단이 없는 운송회사라는 것이다. 국내 운송회사의 경우 자체적으로 트럭 등을 가지고 운송업을 한다. 하지만 포워더는 직접적인 운송업을 하기보다는 대한항공이나 아시아나항공 혹은 외국 항공사와 수출 혹은 수입회사를 연결해주고 마진을 취한다.

해상운송의 경우도 마찬가지로 선박을 가지고 있는 선박회사와 수출 혹은 수입회사와의 연결을 통해 수익을 거둔다.

이와 같이 직접 운송하지 않고 항공 혹은 선박회사와 수출 혹은 수입회사를 연결(혹은 주선)해주는 일을 한다고 해서 포워더를 운송 주선업자라고도 한다. 1991년 '화물유통촉진법'이라는 법 제정 때 포워더를 복합운송 주선업이라고 했다가, 2007년 '화물유통촉진법' 개정과 함께 포워더를 국제물류 주선업이라고도 부르고 있다.

복합운송 주선업에서 복합운송이란 말 그대로 여러 가지 운송수단으로 운송하는 것을 말한다. 유럽의 경우 많은 나라가 국경이 붙어 있는데, 예를 들어 체코는 독일과 국경을 마주한 내륙국가다. 한국에서 체코로 수출하는 경우 배를 이용해 독일까지 배송 후 독일의 항구에서 화물을 내려서 트럭 등으로 체코까지 화물을 운송한다. 이처럼 배와 트럭을 복합적으로 이용하는 운송을 복합운송이라 할 수 있다.

이와 같은 복합운송은 주선(周旋: 일이 잘되도록 여러 가지 방법으로 힘씀. 비슷한 말로 '중개'가 있다), 즉 선박회사(혹은 항공회사)와 무역회사의 운송을 중개(仲介: 제삼자로서 두 당사자 사이에 서서 일을 주선함)한다고 해서 과거에는 포워더를 복합운송 주선업이라고도 했다.

국내에서 화물을 보낼 때는 실제로 운송을 하는 수많은 택배회사 중 하나를 이용하면 된다. 하지만 무역에서는 (직접 비행기를 가지고 화물 및 여객운송을 하고 있는) 대한항공이나 아시아나항공 혹은 (배를 가지고 화물운송을 하는) 현대상선이나 대한상선 같은 운송회사를 직접 컨택하지 않고 포워더라는 운송주선업자를 통해서 화물을 운송한다.

비행기 없이 여행객의 여행을 돕는 것이 여행사라면, 비행기나 배 없이 수출 및 수입업자의 운송을 돕는 것이 포워더다. 대량의 비행기 표를 싼값에 사서 마진을 붙여 여행객들에게 판매하는 것이 여행사다. 이와 비슷하게 포워더는 항공사나 선박회사의 많은 화물 적재 공간을 싼값에 빌려서 마진을 붙여서 화물을 수출이나 수입하려는 수출입회사에게 공간을 대여한다.

또한 비행기표 판매 외에 비자 대행 및 현지 정보 같은 여러 서비스를 제공하는 여행사와 마찬가지로 포워더는 운송 외에 아래와 같이 다양한 서비스를 제공하고 있다.

- **포워더의 해외 파트너를 통해 그 나라의 무역 사정을 파악할 수 있다**
  포워더는 해외에 파트너를 두고 운송업무를 하고 있기 때문에 해외 파트너 혹은 거래처로부터 현지의 다양한 관세나 통관 정보 혹은 정치·경제에 대한 대략적인 정보를 얻을 수 있다.
- **아는 내륙운송회사가 없을 때 포워더에게 소개받을 수 있다**
  통관이 완료된 수입화물을 회사까지 운송할 운송 편을 포워더에게 소개받을 수 있다.

• **아는 관세사가 없을 때 포워더에게 소개받을 수 있다**

거래하는 관세사가 없는 경우 포워더로부터 소개받을 수 있다.

• **다양한 무역실무에 대한 많은 정보를 포워더는 가지고 있다**

포워더는 다양한 무역실무 및 정보를 가지고 있기에 친절하고 경험
이 많은 포워더인 경우 무역이 익숙치 않은 초보 실무자가 도움을
많이 얻을 수 있다. 하지만 질문도 아는 것이 있어야 할 수 있듯이
먼저 책이나 강의를 통해 무역실무를 공부하는 것이 필요하다.

• **포워더를 통해 창고 등을 저렴하게 이용할 수 있다**

포워더 중에는 창고를 소유하고 있는 경우도 있어 저렴하게 창고를
이용할 수 있다. 혹은 창고가 없더라도 포워더의 거래처를 통해 저
렴하게 창고를 이용할 수 있다.

• **포워더가 해외 수금업무를 대행해준다**

해외에 창고를 가지고 있는 포워더의 경우, 현지에 수입된 화물을
창고에 보관해두고 수입업자가 화물을 찾으러 오면 돈을 받고 물건
을 내주기도 한다.

• **포워더를 통해 해외의 수입화물을 인수할 수 있다**

보통 국제운송요금은 수출업자가 부담하고 그 비용을 제품가격에
포함시킨다. 이와 반대로 수입업자가 계약한 운송회사를 통해 화물
을 수출업자로부터 받아서 국제운송을 통해 인수하기도 한다. 이러
한 업무가 가능한 것은 포워더가 해외에 파트너 혹은 거래처를 두
고 업무를 하기 때문이다. 즉 내가 수입업자이고 대만산 제품을 수
입하려는데, 대만업체는 국제운송을 해본 적이 없어 수입업자(나)

가 직접 인수해서 국제 운송을 하는 경우가 그 예다. 이 경우 내가 거래하는 포워더에게 인수와 관련된 화물 수량과 대만의 제조회사 연락처 및 주소를 알려주면, 포워더는 대만에 있는 해외 파트너에게 대만회사의 정보를 알려준다. 대만의 파트너는 대만회사를 컨택해 화물을 인수한 후 국제 운송을 통해 한국으로 화물을 보내준다.

▼ 해외의 수입화물을 포워더를 통해 인수할 경우

대만
제조회사

국제운송은 직접 하라고 한다.

한국
수입회사

대만 제조회사의 담당자, 연락처, 주소 등을 주며 화물을 인수해달라고 한다.

한국
포워더

대만 제조회사의 담당자, 연락처, 주소 등을 주며 화물을 인수해달라고 한다.

대만
포워더

대만 제조회사를 컨택 및 화물 인수 후 국제운송해 한국으로 화물을 보낸다. 이때 대만 포워더는 한국 포워더에게 언제 화물을 배(혹은 비행기)에 선적할지와 한국 항구(혹은 공항)에 언제 도착할지 도착 예상 시간을 통지해준다.

한국 포워더/
한국
수입회사

수입회사는 한국 포워더로부터 화물 선적내용 및 도착일정 등을 통보받고 이후 항구(혹은 공항)에 화물이 도착하면 통관을 거친다. 이후에 포워더로부터 소개받은 운송회사를 통해 내륙운송으로 화물을 인수한다.

국경 출입국 화물 처리 전문가, 관세사

국경이라는 건 국가를 나누는 경계선이다. 그 경계를 넘어 우리나라에 들어오거나 다른 나라로 나가는 경우, 국가는 그것이 돈이든 물건이든 사람이든 검사를 한다.

물건을 수출하거나 수입하는 경우도 사람이 나가거나 들어왔을 때와 마찬가지로 검사를 받는데, 사람의 경우는 출입국 관리소이지만 물건을 검사하는 기관은 '세관'이다.

물건이 나라에 들어오고 나갈 때 세관에 수출 혹은 수입하는 물건에 대한 신고를 해야 한다. 이때 신고서를 작성해야 하며, 첨부서류로 인보이스(COMMERCIAL INVOICE), 패킹(PACKING LIST) 그리고 비엘(B/L) 혹은 에어웨이빌(AIRWAYBILL)이라는 것이 기본적으로 필요하다. 또한 수출 혹은 수입하는 제품에 따라 추가적인 서류가 필요하다(수출이나 수입시 필요한 서류 등에 대해서는 '3장'을 참조하자).

이러한 세관에 제출하는 서류가 제대로 준비되지 않으면 수출이나 수입을 보류하거나 아예 할 수 없게 되기도 한다. 또한 제품별로 수출이나 수입이 금지되기도 하는데, 이를 제대로 알지 못한 채 수출이나 수입을 시도하다가 세관에서 수출입이 금지되기도 한다.

수출이나 수입에 필요한 서류 혹은 수출입이 금지된 제품들을 모두 파악하는 것은 무역을 처음 하는 사람이나 오랫동안 해온 사람이나 모두에게 어렵다. 실무에서는 이러한 것을 직접 알아보기보다는 통관 분야 전문가의 도움을 받는데, 그 전문가를 관세사라 한다.

관세사는 기본적으로 수출입 제품 신고를 대행하며, 다양한 통관 관련 분야의 문제를 해결한다.

해외송금 및 입금의 달인, 은행

돈의 경우 은행을 통해 해외로 보내거나 받을 수 있는데, 이때 금액에 따라 이 돈이 왜 들어오고 왜 나가는지에 대한 증거서류, 즉 증빙서류를 제출해야 한다. 추후 이러한 서류는 은행감독기관의 감사를 받기도 한다.

은행은 송금 및 입금 외에 다양한 수출 혹은 수입 관련 상품을 판매하고 있으며, 환율에 대한 정보도 많이 가지고 있으므로 참고하도록 한다.

목재 팔레트 제작회사

팔레트는 물건을 한꺼번에 옮길 때 쓰는 지게차의 일종의 받침대다. 팔레트에 대한 자세한 설명은 '2장'을 참고하도록 하자.

팔레트의 재질은 기본적으로 나무와 플라스틱으로 되어 있는데, 나무에 혹시나 있을지도 모르는 병이나 해충 박멸을 위해 나무 팔레트는 반드시 방역, 즉 소독을 한 나무로 제작되어야 한다.

팔레트 제작회사의 모습. 마당에는 제작되고 있는 나무 상자 및 팔레트가 놓여있다.

나라마다 방역기준이 다를 수 있으므로 팔레트 제작업체와 잘 상의
해 진행하도록 한다. 참고로 수출용 나무 박스 및 팔레트 회사는 농림
축산검역본부(qia.go.kr)의 홈페이지 메뉴에서 식물검역 메뉴에 있는
목재포장재 열처리업체 현황을 참고하도록 한다.

무역회사의 든든한 동반자, 수출입 지원기관

우리나라는 수출로 국가의 부를 이루고 있는 나라다. 이는 무역회사
의 노력도 물론 있었겠지만 뒤에서 큰 힘이 되어주는 많은 수출입 지
원기관의 도움이 있었다는 것은 누구도 부인할 수 없다.

지금도 많은 수출입 지원기관이 무역회사를 물심양면으로 지원하

고 있다. 이러한 기관들에는 코트라, 무역협회, 각종 지자체, 특허청 등 여러 곳이 있다.

이러한 기관의 홈페이지만 잘 검색해도 해외전시회 출품비 지원이나 무료통역지원 혹은 시장정보 등을 얻을 수 있어 유용하다.

수출이나 수입은 대부분 물건이 우리나라를 나가거나 우리나라로 들어오는 과정의 연속이다. 우리나라를 나가거나 들어올 때, 반드시 빠질 수 없는 것이 바로 운송이다. 무역이 아니더라도 우리는 이미 택배 같은 기타 여러 가지 운송수단을 경험하고 있다. 무역에서의 운송도 이미 경험하고 있거나 경험했던 운송의 확장된 개념이라고 보면 되겠다. 이미 우리가 경험했던 운송과 무역에서의 운송은 어느 정도 차이와 비슷한 점이 있는지 2장에서 학습해 실무에 활용해보자.

Chapter
02

무역에서 기본 중 기본이 운송이다

배로 물건을 보내는
방법에 대해 알아보자

배의 경우 한꺼번에 많은 화물을 운송할 수 있고 운송료가 저렴하다. 하지만 운송시간이 많이 걸린다는 단점이 있는데, 수입지 항구까지 많게는 한 달 정도 걸리기도 한다.

배의 장점과 단점

무역에서 해외로 화물을 운송하는 대표적인 방법은 우리나라의 경우 배와 비행기가 있다. 물론 유럽 같이 나라가 붙어 있는 경우에는 기차나 트럭 등이 수출입 운송수단이 될 수 있지만 우리는 현실적으로 배와 비행기만이 수출입 운송수단이다.

배로 수출이나 수입되는 화물에는 자동차나 기차 같은 큰 기계류도 있을 것이고, 마우스나 키보드 같은 작은 물건도 있을 것이다. 그렇다면 배에 라면 박스 크기의 상자를 싣는다고 가정했을 때 몇 개 정도 실을 수 있을까?

큰 배의 경우에는 계산해보면 대략 60만 개 정도 실을 수 있다. 이를 실제로 선적한다고 가정하면 선적할 때 라면 박스를 몇십 개씩 모아서 비닐 등으로 포장을 할 것이다. 30박스씩 모아서 포장하면 2만 묶음이 나온다. 2만 묶음을 지게차로 일일이 배에 싣는 데 얼마의 시간이 걸릴까?

2017년에 우리나라에서 제일 큰 항구인 부산항에서 라면 박스 60만 개를 실을 수 있는 배 1,000척의 물량을 처리했다고 한다. 60만 개를 실을 수 있는 배 1,000척이면 라면 박스로는 몇 개가 될 것이고, 이것을 묶어서 지게차로 배에 싣는다 하더라도 정말 어마어마한 물량이다.

이렇게 크기가 작고 수량이 많은 화물을 항구에서 싣는다는 건 엄청난 시간이 소요되는 일이다.

그렇다면 수출회사에서 처음부터 작은 묶음이 아니라 큰 박스 같은 상자에 화물을 넣고, 항구에서는 그냥 그 박스째로 배에 실으면 항구도 화물을 싣느라 복잡하지 않고 선적하는 데도 시간이 훨씬 많이 단축될 것이다. 그리고 큰 박스의 사이즈가 모두 동일하면 항구에 박스를 선박에 싣기 위한 박스 전용 적재 도구를 설치해서 선적시간을 더욱 단축할 수 있을 것이다. 이러한 필요에 의해서 등장한 것이 바로 '컨테이너'이다.

사각형으로 표시한 것이 컨테이너다. 사진 속 차량은 컨테이너 전용 운반차량이며 트레일러라고 한다.

크기가 작은 화물은 큰 통에 모아서 보낸다, 컨테이너 화물

컨테이너의 영문은 container로 말 그대로 화물을 담기 위한(contain) 상자다. 재질은 철로 되어 있다.

컨테이너는 기본적으로 길이에 따라서 2가지로 나누어지는데, 20피트 컨테이너와 40피트 컨테이너다. 실무에서는 컨테이너에 실린 화물을 컨테이너 화물이라 한다.

> 1피트 = 30.48cm
> 20피트 = 609.6cm
> 즉 20피트 컨테이너는 길이가 약 6미터다. 40피트 컨테이너는 길이가 약 12미터다. 참고로 20피트 컨테이너와 40피트 컨테이너의 폭(약 2.3미터)과 높이(약 2.3미터)는 동일하다.

컨테이너의 종류에 대해 알아보자

• **20피트와 40피트 그리고 40피트하이큐빅 컨테이너:** 컨테이너는 길이가 20피트(약 6미터)인 20피트 컨테이너와 길이가 40피트(약 12미터)인 40피트 컨테이너 그리고 40피트하이큐빅(HQ) 컨테이너가 있다. 40피트하이큐빅 컨테이너의 경우 40피트 컨테이너와 길이와 폭이 같지만 높이는 40피트 컨테이너가 약 2.3미터인 반면, 40피트하이큐빅의 경우 높이가 약 2.7미터다.

• **드라이 컨테이너와 리퍼 컨테이너:** 드라이 컨테이너는 일반적으로 우리가 볼 수 있는 일반 컨테이너이며, 여러 가지 다른 용도의 컨테이너와 구별하기 위해 드라이 컨테이너(Dry Container)라 한다. 보통 표기는 20DC(20피트 컨테이너)와 40DC(40피트 컨테이너)로 표기한다. 리퍼 컨테이너(Reefer Container)는 Refrigerated Container, 즉 냉동 컨테이너를 의미한다. 온도 유지가 필요한 화물에 이용되는 컨테이너로 냉동 및 영상의 유지가 필요할 때 이용할 수 있는 컨테이너다. 일반 컨테이너와 외형은 비슷하며 온도조절장치가 달려 있는 것이 특징이다.

• **오픈탑 컨테이너:** OpenTop Container를 의미하며 말 그대로 위가 뚫려 있는 컨테이너다. 일반 컨테이너는 높이가 약 2.3미터이고, 하이큐빅 컨테이너의 경우에도 높이가 약 2.7미터다. 이보다 높은 화물인 경우 천장이 뚫려 있는 오픈탑 컨테이너를 이용할 수 있다.

왼쪽이 리퍼 컨테이너의 뒷모습이고, 오른쪽이 리퍼 컨테이너에 부착된 온도조절장치의 모습이다. 리퍼 컨테이너는 일반 컨테이너인 드라이 컨테이너와 외형상 큰 차이가 없다.

CFS, LCL, CY, FCL을 알아야 배로 화물을 보낼 수 있다

- **컨테이너를 꽉 채운다, 에프씨엘:** 에프씨엘(FCL)은 Full Container Load의 약자로, 컨테이너를 꽉 채울 수 있는(Full Container) 크기나 양의 화물(Load)를 뜻한다. 한 수출업자의 화물만 실은 컨테이너로 단독 컨테이너라 할 수 있다.

- **컨테이너를 모아두는 곳, 씨와이:** 씨와이(CY)는 Container Yard의 약자로, 컨테이너 야적장 정도로 번역할 수 있다. 야적이라는 것은 밖에다 쌓아두는 것을 말하는데, 씨와이는 말 그대로 배에 싣기 전 혹은 배에서 내린 컨테이너를 모아두는 장소를 말한다.

수출업자 창고에서 컨테이너에 화물 싣기 → 컨테이너 운반 차량인 트레일러로 항구까지 운송 → 항구의 씨와이(CY)에 컨테이너 내리기 → 크레인으로 컨테이너를 집어서 배에 싣기 → 배 출발 → 수입지 항구에 도착 후 배에 실린 컨테이너를 크레인으로 집어서 씨와이(CY)에 내리기

*수출지 항구의 씨와이(CY)에 컨테이너가 들어가기 전 그리고 수입지 항구에서 컨테이너를 찾기 위해 반드시 세관에 수출 및 수입제품 신고를 해야한다.

• **소량화물은 엘씨엘(LCL)로:** 컨테이너는 최소 길이가 6미터이고 폭과 높이가 2미터가 넘는다. 수출업자의 입장에서야 컨테이너를 꽉 채우는, 즉 에프씨엘(FCL)로 수출하고 싶지만 그렇지 않은 경우도 많다. 그렇다고 큰 컨테이너를 거의 비워가는 것은 수출업자나 운송업자 입장에서는 아까운 상황이다. 그래서 나온 것이 엘씨엘(LCL)이다.

엘씨엘(LCL)은 Less Container Load의 약자로, 컨테이너(Container)를 덜(Less) 채우는 화물(Load)을 의미하는데 쉽게 말해 소량화물이다. 컨테이너를 한 회사의 화물로 채우는 단독 컨테이너인 경우 운송료는 '컨테이너당 얼마' 이런 식이다. 하지만 컨테이너의 일부 공간만 필요한 작은 화물 혹은 소량화물, 즉 엘씨엘의 경우 '컨테이너를 차지하는 공간당 얼마' 이런 식이다.

또한 운송회사는 남은 공간은 다른 회사 화물로 컨테이너를 채우게

된다. 즉 한 회사의 화물로 가득 채운 에프씨엘과 달리 엘씨엘은 1개 컨테이너에 여러 회사의 화물로 채우게 된다.

이와 같이 1개 컨테이너에 여러 회사의 화물이 섞여있다고 해서 혼재(混在)화물이라고도 한다. 그리고 여러 회사의 화물을 모아서 컨테이너에 넣는 작업을 실무에서는 콘솔이라고 한다.

참고로 '콘솔'은 '모으다'라는 뜻의 Consolidation에서 나온 말이다. 운송회사 입장에서는 컨테이너에 최대한 많이 싣는 것이 수익을 크게 할 수 있기에 콘솔이 중요한 부분이기도 하다.

• 씨에프에스(CFS)는 엘씨엘(LCL) 보관창고: 에프씨엘(FCL)의 경우에는 수출지에서 화물을 컨테이너에 넣어 항구에 모았다가 크레인으로 컨테이너를 배에 실으면 된다. 하지만 엘씨엘(LCL)은 소량화물이고, 기본적으로 여러 회사의 화물을 모아서 컨테이너 하나를 만든다.

항구에는 한 컨테이너를 만들기 위해 엘씨엘(LCL)만 모아두는 장소가 있는데, 이곳을 씨에프에스(CFS)라 한다.

씨에프에스(CFS)는 Container Freight Station의 약자로, 컨테이너(Container) 화물(Freight)을 모아두는, 즉 화물을 집하하는 장소(Station)라 해서 컨테이너 화물 집하장이라고도 한다. 실무에서는 그냥 씨에프에스(CFS)라 한다. 이 씨에프에스(CFS)에서 콘솔, 즉 화물을 모으는 작업을 한다.

작은 트럭에 수출업자 화물을 실어서 항구로 보내기 → **화물은 씨에프에스(CFS)에 내림 → 화물을 모으는 작업(콘솔) 후 한 컨테이너 만들기** → 컨테이너는 씨와이(CY)로 이동 → 크레인으로 컨테이너를 집어서 배에 싣기 → 배 출발 → 수입지 항구에 도착 후 배에 실린 컨테이너를 크레인으로 집어서 씨와이(CY)에 내리기 → **컨테이너 씨에프에스(CFS)로 이동 → 씨에프에스(CFS)에서 컨테이너에 있는 화물을 업체별로 디베이닝(분류)**

* 디베이닝: devanning를 의미하는 것으로 무역에서는 업체별 화물 분류 작업이라 하지 않고 디베이닝이라는 말을 한다.
* 엘씨엘(LCL)이 항구의 씨에프에스(CFS)에 들어가기 전 그리고 디베이닝된 화물을 수입업자가 찾기 위해서는 반드시 수출제품 신고 혹은 수입제품 신고를 해야 한다.
* 진하게 표시된 내용이 엘씨엘(LCL)과 에프씨엘(FCL)의 다른 점이다.

화물 크기를 알아야 배 운송료를 알 수 있다: 화물 크기 계산

컨테이너에 실어서 배로 화물을 수출할 때 운송료의 기준은 일반적으로 화물의 크기다. 즉 화물의 크기에 따라 배의 운송료가 결정되는 것이다.

컨테이너는 대표적으로 20피트 컨테이너와 40피트 컨테이너가 있고, 화물의 크기에 따라 엘씨엘(LCL)과 에프씨엘(FCL)이 있다. 에프씨엘(FCL)의 경우 운임은 '컨테이너 1개'가 기준이다. 즉 '20피트 컨테이너 1대당 얼마' '40피트 컨테이너 1대당 얼마' 이런 식이다.

한편 엘씨엘(LCL)의 경우 컨테이너의 일부공간을 사용하는 것으로 사용공간에 따라 운임이 달라지는데, 기준은 1CBM이다. CBM(씨비엠)은 '가로×세로×높이'로 계산하는 화물의 부피, 즉 크기의 단위이며, 미터로 계산한다. 즉 1CBM은 가로가 1M, 세로가 1M, 높이가 1M인 화물의 크기를 말한다. 기본적으로 엘씨엘(LCL)의 운송료 기준은 1CBM이다. 예를 들어 호주까지 엘씨엘(LCL) 1CBM당 운송료가 20달러이고 화물의 크기가 3CBM인 경우, 운송료는 '3CBM×20달러'인 60달러다.

참고로 20피트 컨테이너는 가로 6미터, 세로 2.3미터, 높이 2.3미터로 크기는 '가로(6M)×세로(2.3M)×높이(2.3M)=31.4CBM'이며, 1CBM 크기의 화물 약 31개를 실을 수 있다는 계산이 나온다.

▼ 1미터가 안 되는 화물 크기 계산법

화물의 크기가 가로 2M, 세로 90cm, 높이가 1M인 경우, 세로 90cm를 0.9M로 변환해 계산하면 된다. 즉 '가로(2M)×세로(1M)×높이(0.9M) = 1.8CBM'이다.

스케줄표를 보고 배의 출발과 도착시간을 알아보자

배로 화물을 수출할 때 제일 먼저 해야 할 것은 배가 언제 출항하고 운송료가 어떻게 되는지 확인하는 것이다. 배가 언제 출항하는지는 스케줄표를 보면 되고, 운송료는 견적서로 확인하면 된다.

일단 운송사로부터 스케줄표를 받기 위해서는 어느 항구에서 출발해(수출지) 어느 항구에 도착하는지(수입지)는 기본적으로 알고 있는 것이 좋다. 경우에 따라서 운송사와 협의해 최적의 항구를 결정할 수도 있다.

참고로 '일주일에 몇 번 배가 출발(출항)하느냐' 하는 횟수를 항차라고 한다. 일주일에 1번 출항하면 주 1항차라 하고, 3번 출항하면 주 3항차라고 한다.

만약 아직 수출준비, 즉 화물 포장이 언제 완료되는지에 대한 계획이 없는 경우에는 대략 어느 항구에서 어느 항구까지 화물을 보내려 하는데 일주일에 배가 몇 번 있는지 정도만 확인할 수 있다.

다음은 부산항에서 호주 멜버른 항구로 화물을 보내려 할 때를 가정해보았다. 아래의 표는 스케줄표를 운송사에 요청했을 때 받을 수 있는 대략적인 내용이다. 참고로 화물은 8월 20일에 포장 등 수출준비가 완료된다.

VESSEL/ VOY	DOC CLOSING	CARGO CLOSING	ETD	ETA
PEGASUS/ 0023W	8/24 AM	8/26	8/30	9/30
TERA/ 830W	8/22	8/25	8/28	9/27
WORLD BROAVO / 830W	8/23 PM6	8/27	8/28	9/29

- **VESSEL/VOY:** VELSSEL은 배 이름을, VOY는 VOYAGE의 약자로 항차, 즉 몇 번 운항했는지를 말한다. 예를 들어 위의 표에서 PEGASUS/0023W는 PEGASUS라는 이름의 배가 총 23회 서쪽(W) 방향으로 운항했다는 것을 말한다.

- **DOC CLOSING:** 서류(DOC) 마감시간(CLOSING)을 말한다. 기본적으로 모든 배는 세관에 수출신고를 완료해 수출신고를 마쳤다는 증명서인 수출신고필증이 나와야 배에 화물을 실을 수 있다. 즉 수출신고필증이 나와야 하는 마감시간, 즉 최종시간을 의미한다. 위의 스케줄의 경우 PEGASUS호에 싣기 위해서는 수출신고필증을 8월 24일 오전(AM)까지는 발급받아야 한다. 마찬가지로 WORLD BROAVO호의 경우, 8월 23일 오후 6시까지는 수출신고필증이 발급되어야 한다. 실무에서는 다큐먼트 클로징이나 서류마감이라고 말한다.

- **CARGO CLOSING:** CARGO는 수출화물을 말한다. 즉 수출화물(CARGO)이 항구에 도착해야 하는 마감시간을 말한다. 이 시간을 넘기게 되면 수출화물을 배에 싣지 못할 수 있으니 주의하도록 한다. PEGAUS호는 마감시간이 8월 26일이고, TERA호는 마감시간이 8월 25일이다. 실무에서는 카고 클로징이라 한다.

- **ETD:** Estimated Time of Departure의 줄임말로, 우리말로는 출발(Departure)이 예정된(Estimated) 시간(Time), 즉 배가 항구에서 출발하는 예정시간을 말한다. 실무에서는 이티디라 한다. 위의 스케줄은 부산항에서 멜버른으로 가는 스케줄로 PEGASUS호는 이티디,

즉 출발(출항)예정시간이 8월 30일이고, WORLD BROAVO호는 ETD가 8월 28일이다.

- **ETA:** Estimated Time of Arrival의 줄임말로, 도착(Arrival)이 예정된(Estimated) 시간(Time), 즉 배가 수입지 항구에 도착하는 시간을 말한다. 실무에서는 이티에이(ETA)라 한다. 위의 스케줄의 경우 도착항인 멜버른에 PEGASUS호는 9월 30일쯤 도착한다는 것을 알 수 있다.

운송료 견적은 기본, 운송료 견적서를 읽어보자

운송료도 다른 서비스나 물건과 마찬가지로 운송회사마다 가격 차이가 있다. 물론 운송사를 선택하는 데 운송료 외에 얼마만큼 빨리 대응해주는지 등 비용 외적인 부분도 중요한 선택의 기준이 될 수 있을 것이다.

다음은 부산항에서 호주 멜버른으로 가는 수출 선박운송료에 대한 견적서다.

OCEAN SEVEN

수신 : 세계로 통상/우직해 대리님
발신 : 오션세븐로지스

제목 : 부산-호주 멜버른 해상수출견적의 건

1. 귀사의 일익번창하심을 기원합니다.
2. 본 건에 대해 하기와 같이 견적을 드리니 업무에 참조부탁드립니다.

아   래

1) BUSAN － MELBOURNE

	20'DC	40'DC, HC	LCL
O/FREIGHT	$640	$1,000	$8/CBM
THC	₩116,000	₩15,000	₩5,000/CBM
WFG	₩4,200	₩8,000	₩180/CBM
SEAL CHARGE	₩7,000	₩7,000	₩0
DOC FEE	₩39,000	₩39,000	₩32,000
내륙운송료	₩350,000/CNTR	₩650,000/CNTR	₩32,000/CMB

2) REMARKS
   보험료와 통관수수료는 별도입니다.
   BAF는 CNEE에 부과예정입니다.

〈해설〉

오션세븐로지스라는 운송회사에서 세계로 통상으로 보내는 선박운송료 견적서임을 알 수 있다.

- **BUSAN-MELBOURNE:** 선박운송구간은 부산항에서 호주 멜버른항까지인 것을 알 수 있다.

- **20'DC, 40'DC, HC 그리고 LCL:** 20'DC는 20피트 드라이 컨테이너 (DC, Dry Container)를, 40'DC는 40피트 드라이 컨테이너를 말한다. HC는 일반 컨테이너보다 높은 컨테이너이고, LCL은 소량화물을 의미한다.

- **O/FREIGHT:** OCEAN FREIGHT, 즉 선박운송료를 말하는 것이다. 표에서는 부산항에서 호주 멜버른 항구까지 운송료가 20피트 한 컨테이너당 640달러, 40피트 한 컨테이너당 1,000달러이며 엘씨엘 (LCL)의 경우 1CBM당 8달러다.

- **THC:** Terminal Handling Charge의 약자로 실무에서는 티에이치씨(THC)라 한다. 터미널은 항구에 있는 시설로 터미널 내에서 수출 컨테이너 혹은 엘씨엘(LCL)화물은 배에 선적되거나 크레인에 실려서 이동되는데, 이러한 처리 비용을 말한다. 표에서 엘씨엘 (LCL)은 CBM당 5,000원이다.

- **WFG:** WarFaGe를 줄인 말로, 우리말로는 입출항료 또는 부두 사용료라고 한다.

- **SEAL CHARGE:** 컨테이너를 닫고 제일 마지막에 잠그는 씰의 가격이다.

- DOC FEE: DOCument fee를 줄인 말로 서류발행비를 의미한다.
- **보험료와 통관수수료는 별도입니다**: 무역에서 보험은 주로 적하보험을 의미한다. 여기서 적하라는 것은 배에 적재된(積, 쌓을 적) 화물(荷, 멜 하)로, 적하보험은 배에 적재된 화물이 운송중에 일어나는 침몰이나 기타 손실에 대비하는 보험을 말한다. '보험료 별도'라는 것은 이 견적서에는 보험료가 포함되어 있지 않다는 말이다.

  또한 통관수수료도 이 견적서에는 포함되어 있지 않다. 모든 수출 제품은 세관에 수출신고를 해야 하는데, 이러한 과정을 통관이라 한다. 통관은 직접 하거나 통관전문가인 관세사를 통해 진행하며, 관세사를 통해서 수출신고를 하는 경우 수수료가 발생한다.
- **BAF는 CNEE에 부과예정입니다**: BAF는 Bunker Adjustment Factor의 약자로 우리말로는 유가할증료라 한다. 선박운송료 외에 선사에서 부과하는 비용이다. CNEE는 CoNsigNEE를 의미하는 것으로 쉽게 말해 수신인, 즉 수입업자를 말한다.

"바이어가 노미한다"에서 '노미'는 무슨 말인가?

실무를 하다보면 "바이어 쪽에서 노미했다" 같이 노미라는 말을 자주 듣게 된다. 노미는 영어 NOMInation(지명)에서 뒤의 nation을 잘라서 만든 말로 '운송회사를 정한다'라는 의미다.

수출회사에서 선박회사를 선정해 화물을 해외로 보낼 때 "쉬퍼

(SHIPPER, 수출업자)가 노미했다"고 이야기하고, 수입업자 쪽에서 선박운송료를 부담하고 수입업자 쪽에서 정한 선박회사에서 수출화물을 운송할 때 "컨사이니(CONSIGNEE, 수입업자) 쪽에서 노미했다"고 이야기한다.

수출화물을 수입업자가 운송하는 경우를 예로 들어보겠다. 일본에서 생산된 화물을 한국의 수입업자가 자기가 '노미'한 운송회사를 통해 운송하기 위해서는 어떻게 해야 할까? 이것을 이해하기 위해서는 수출입 운송회사인 포워더의 파트너에 대한 이해가 필요하다.

포워더는 기본적으로 해외에 파트너를 두고 운송업무를 하고 있다. 즉 수입업자가 수출업자의 나라에 가지 않더라도 포워더의 파트너가 현지에서 운송 관련 업무를 대행하기에 수입업자가 현지에 가지 않더라도 포워더의 파트너가 화물 확인에서부터 배에 선적해 수입지 항구에 도착하기까지의 전 과정을 조율한다.

즉 한국의 수입업자는 자기가 거래하는 한국에 있는 포워더에게 일본의 수출업자 주소와 화물 등을 알려주고 픽업 및 운송을 요청한다. 그러면 한국의 포워더는 일본에 있는 파트너에게 수출업자와 화물에 대한 정보를 알려준다. 일본의 포워더 파트너는 일본의 수출업자를 컨택해 화물수량과 준비시간을 조율한 후 화물을 인수해 배에 실은 다음 한국으로 화물을 보내게 된다.

큰 화물은 벌크화물로

일반적으로 수출이라고 하면 사각철제 상자인 컨테이너를 떠올린다. 실제로도 많은 화물이 컨테이너에 실려서 수출되거나 수입된다.

공장에서 생산되는 제품이 주로 컨테이너에 실려서 수출되거나 수입된다면, 콩이나 밀 같은 농산물, 석탄 같은 광산품, 석유 같은 것은 어떻게 해야 할까? 컨테이너에 넣어서 배에 실리는 것이 아니라 포장되지 않은 채 배에 바로 실린다. 이러한 화물을 벌크화물이라 한다.

벌크는 BULK를 의미하는 것으로, 원래의 뜻은 '대량'이지만 우리나라에서는 포장되지 않은 화물, 즉 컨테이너에 싣지 않은 화물을 뜻한다.

보통 벌크화물은 배를 빌려서 운송하는데 이것을 배(船, 배 선)를 고용하다(傭, 품 팔 용), 즉 배를 빌린다는 의미에서 '용선'이라 한다. 그리고 배를 빌리는 계약을 용선계약이라 하며, 영어로는 CHARTER 혹은 CHARTER PARTY라 한다.

컨테이너 화물은 배에서 멀리 있더라도 크레인 등으로 쉽게 배까지 적재가 가능하다. 하지만 벌크화물의 경우 크기가 다르기에 보통 예약된 배가 정박하는 부두(일종의 배의 주차장) 근처에 모아졌다가 한꺼번에 적재된다.

벌크화물은 컨테이너 화물과 달리 모양이 다양하고 수량이 많아서 배를 통째로 빌려서 운송하는 경우가 많다. 그리고 벌크화물 전용 부두라고 해서 벌크화물만 모아두는 부두가 따로 있고, 벌크화물을 실을 배가 정박 예정인 부두에 벌크화물을 모았다 배가 정박하게 되면 크레인 등으로 화물을 배에 신게 된다.

또한 수입항구에 도착한 배는 벌크화물을 다시 벌크화물 전용 부두에 내린다. 이후 통관 등을 거쳐 수입업자가 화물을 인수하게 된다. 다음은 벌크화물이 수출되어 수입되는 과정을 정리한 것이다.

수출업자가 벌크화물 준비 → 벌크화물 운송 → 벌크화물 항구 도착 및 전용 부두에 화물 내림 → 크레인 등으로 배에 화물 선적 → 수출항 출항 및 수입항 도착 → 벌크화물 전용 부두에 화물 내림 → 벌크화물 수입업자에게 운송 → 수입업자가 벌크화물 인수

* 수출통관과 수입통관: 수출시 화물이 배에 실리기 전 반드시 수출통관이 되어야 하고, 수입시 반드시 수입통관이 되어야 수입업자가 화물을 인수할 수 있다.

택배에 운송장이 있다면
선박운송에는 비엘이 있다

무역실무에서는 선하증권보다는 비엘(B/L)이라는 말이 더 많이 쓰인다. 비엘(B/L)에는 운송장과 마찬가지로 보내는 사람과 받는 사람, 제품에 대한 대략적 내용이 기재되어 있다.

비엘(B/L)은 운송장

우리가 택배로 물건을 보낼 때 송장을 받는 것과 마찬가지로 배에 화물을 싣게 되면 운송사에서 운송장을 발행해주는데, 이것을 무역에서는 비엘(B/L)이라 한다.

비엘(B/L)은 Bill of Lading의 약자로, 배에 화물이 실렸음을(Lading) 증명하는 문서(Bill)라는 의미다. 이를 우리말로는 선하증권이라 하며, 화물을 실은 배가 수출항구를 떠난 이후에 선박회사에서 발행하는 문서다.

비엘(B/L)은 종류가 다양하다. 누가 발행하느냐에 따라 마스터 비엘(MASTER B/L)과 하우스 비엘(HOUSE B/L)이 있고, 원본이 필요하느냐 아니냐에 따라 오리지날 비엘(ORIGINAL B/L)과 써렌더 비엘(SURRENDERED B/L) 및 씨웨이빌(SEAWAYBILL)이 있다.

이외에 스위치 비엘(SWITCH B/L), 오더 비엘(ORDER B/L) 및 스트레이트 비엘(STRAIGHT B/L), 체크 비엘 등이 있다.

마스터 비엘은 선사가, 하우스 비엘은 포워더가 발행

포워더를 우리말로는 운송주선업자라고도 하며 여행사와 비슷한 역할을 한다고 보면 되겠다.

비행기가 없는 여행사는 항공권을 대량으로 저렴하게 구입해 여행객에게 마진을 붙여서 판매한다. 포워더도 이와 비슷하게 수출운송수단인 배나 비행기는 없는 대신 배를 가지고 있는 선박회사(라인이라고도 한다)로부터 배의 적재공간을 저렴하게 빌려서 마진을 붙여 수출업자 등에게 임대한다.

이때 포워더는 수출업자로부터 화물을 받고 운송장, 즉 비엘을 수출업자에게 발행한다. 한편 선박회사(라인 또는 줄여서 선사라고도 한다)는 배의 적재공간을 포워더에게 임대하므로 포워더에게 비엘을 발행한다.

이때 선사가 포워더에게 발행하는 비엘을 마스터 비엘(MASTER B/L)이라 하고, 포워더가 수출업자에게 발행하는 비엘을 하우스 비엘

(HOUSE B/L)이라 한다.

이론적으로는 이렇지만 실무에서는 비엘(B/L)이 발행될 때마다 비용이 발생하므로 비용을 아끼기 위해서 마스터 비엘만 발행하기도 한다. 참고로 알아두자.

원본이 있어야 화물을 찾을 수 있다, 오리지날 비엘

비엘(B/L)은 보통 원본 3장과 은행보관용 1장, 사본 4장 정도를 한 세트로 발행한다.

기본적으로 선박운송을 하는 데 있어 수입업자가 화물을 인수하기 위해서는 원본과 사본으로 구성된 비엘(B/L) 세트가 있어야 한다. 배가 수출지 항구를 출항하면 선박회사는 원본과 사본으로 구성된 비엘(B/L)을 발행하고, 이때 발행된 비엘(B/L)은 수출업자에게 우편 등으로 보낸다.

우편으로 받은 비엘(B/L)을 수출업자는 수입업자에게 DHL 같은 국제 택배로 보낸다. 수입업자는 우편으로 받은 비엘(B/L)을 운송회사에 보내고 디오를 받아서 화물을 인수한다. 만약 물품대금을 아직 지불받지 못한 경우라면 수출회사는 비엘(B/L)을 보내지 않는 등으로 송금을 압박할 수도 있다.

BILL OF LADING

HURRAH
www.hurrah.co.kr

Shipper :
SEGERYO CO.,LTD.
DOBONGRO-2 SEOUL,00000, KOREA
TEL : 82-2-000-0000
FAX : 82-2-000-0001

Consignee :
ABC COMPANY
MELBOURNE, 00000, AUSTRALIA
TEL : 61-1-0000-1234
FAX : 61-1-0000-1235

Notify Party :
same as above

B/L NO. (also to be used as payment ref. :	Booking No.
AB1268EBEKQLG56	

Export References

Forwarding Agent-References
NOORI AIR&MARINE
SEOUL, KOREA

Domestic Routing Instruction/Also Notify/Agent at Port of Discharge

Place of Receipt	Pre-carriage by		
Port of Loading BUSAN, KOREA	Ocean Vessel DREAM	Voyage 100W	Originals to be released at
Port of Discharge MELBOURNE, AUSTRALIA	Place of Delivery	Mode Load Area	Mode Disch.Area

Marks&Nos Cont./Seal Nos.	No. of Pkgs	Description of Goods	PARTICULARS FURNISHED BY SHIPPER	Gross Weight	Measurement
EMEE2253579 SEAL-NUMBERS 08354623		20' DC - SHIPPER' S LOAD, STOW, COUNT, WEIGHT AND SEAL TV 1000SETS		9000.00KGS	

FREIGHT COLLECT

CY/CY

Kiyongwak

Original

Page : 1 of 1

Tariff Item No.	Total No. of Pkgs.	Declared value(See clause 4.2(b))	No. orig. B/L 3	SHIPPED ON BOARD : AUG. 20, 2018

오리지날 비엘 혹은 원본 비엘이다. 서류 아래 사각형 안에 담당자 사인과 'Original' 표시로 비엘 (B/L)이 원본(original)인 것을 알 수 있다. 물론 운송회사마다 약간의 차이는 있지만 주로 원본은 담당자 사인과 original로 구성된다.

70

BILL OF LADING

HURRAH
WWW.HURRAH.co.kr

Shipper : SEGERYO CO.,LTD. DOBONGRO-2 SEOUL,00000, KOREA TEL : 82-2-000-0000 FAX : 82-2-000-0001	**B/L NO. (also to be used as payment ref. :** **Booking No.** AB1268EBEKQLG56

Export References

Consignee : ABC COMPANY MELBOURNE, 00000, AUSTRALIA TEL : 61-1-0000-1234 FAX : 61-1-0000-1235	

Forwarding Agent-References

NOORI AIR&MARINE
SEOUL, KOREA

Notify Party :
same as above

Domestic Routing Instruction/Also Notify/Agent at Port of Discharge

Place of Receipt	Pre-carriage by		
Port of Loading BUSAN, KOREA	**Ocean Vessel** DREAM	**Voyage** 100W	**Originals to be released at** **Freight payable at**
Port of Discharge MELBOURNE, AUSTRALIA	**Place of Delivery**	**Mode Load Area**	**Mode Disch.Area**

Marks&Nos Cont./Seal Nos.	No. of Pkgs	Description of Goods	PARTICULARS FURNISHED BY SHIPPER	Gross Weight	Measurement
EMEE2253579 SEAL-NUMBERS 08354623		20' DC – SHIPPER'S LOAD, STOW, COUNT, WEIGHT AND SEAL TV 1000SETS		9000.00KGS	

FREIGHT COLLECT

Kiyongpark
은행보관용

CY/CY

Page : 1 of 1

Tariff Item No.	Total No. of Pkgs.	Declared value(See clause 4.2(b))	No. orig. B/L 3	SHIPPED ON BOARD : AUG. 20, 2018

은행보관용 비엘의 모습이다. 아래 사각박스 안의 '은행보관용'이라는 글자가 있으므로 은행보관용 비엘이라는 것을 알 수 있다. 사본 비엘의 경우 위의 '은행보관용'이나 'ORIGINAL' 대신 'COPY'가 기재되어 있다.

운송장인 비엘(B/L), 그 내용을 알아보자

다음은 일반적인 비엘(B/L) 양식이다. 모든 운송회사가 동일한 양식을 사용하는 것은 아니지만 내용은 비슷하니 참고하자.

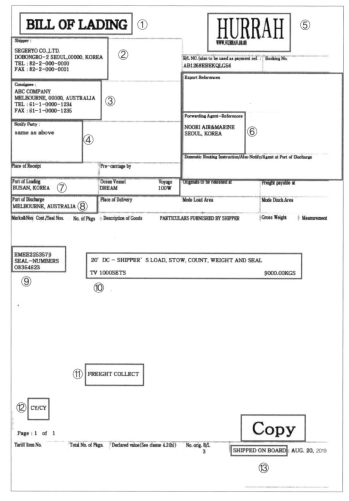

사본 비엘의 모습이다. 비엘(B/L) 아래쪽 사각박스 안의 copy가 기재된 것으로 비엘(B/L)이 사본임을 알 수 있다.

① __BILL OF LADING:__ 비엘(B/L)은 BILL OF LADING을 줄인 말로, 이를 보고 이 서류가 비엘임을 알 수 있다.

② __SHIPPER:__ 보내는 사람을 기재하는 곳이다. 여기서는 수출업자인 SEGERYO가 보내는 사람이다.

③ __CONSIGNEE:__ 받는 사람을 기재하는 곳이다. 여기서는 ABC COMPANY가 받는 쪽이다.

④ __NOTIFY PARTY:__ 수입업자, 즉 받는 사람(CONSIGNEE) 외에 통지해야 할(NOTIFY) 당사자(PARTY)가 있으면 기재하는 곳이다. 예를 들어 주문자 혹은 수입대금 결제자 등이 필요하면 여기에 기재한다. 여기서는 SAME AS ABOVE, 즉 받는 사람(CONSIGNEE)과 같다는 말이다.

⑤ 운송회사가 기재되는데, 이 비엘에서 운송회사는 HURRAH이다.

⑥ __FORWARDING AGENT:__ 포워딩을 기재하는 곳이다. 여기서는 NOORI AIR&MARINE가 포워딩이다.

⑦ __PORT OF LOADING:__ 선적(LOADING) 항(PORT)으로, 여기서는 부산항이 선적항이다. DREAM은 OCEAN VESSEL, 즉 배 이름이다. 100W는 VOYAGE, 즉 항해 횟수를 의미한다.

⑧ __PORT OF DISCHARGE:__ 양륙(DISCHARGE) 항(PORT), 즉 화물을 내리는 항구를 의미한다. 여기서는 호주 멜버른(MELBOURNE)이 양륙항이다.

⑨ __SEAL:__ 컨테이너에 물건을 채우고 컨테이너 문을 닫은 후 문을 잠그게 되는데, 이때 사용하는 자물쇠가 SEAL이다. 모든 SEAL(씰)에

는 번호가 있는데 이것을 SEAL-NUMBERS라 한다. 여기서는 083564623이 씰번호다.

⑩ **20'DC:** 20피트 드라이 컨테이너, 즉 일반 컨테이너를 말한다. SHIPPER'S LOAD, STOW, COUNT, WEIGHT AND SEAL은 수출업자(SHIPPER)가 (컨테이너에) 적재(LOAD)하고 집어넣고(STOW) 수량을 세고(COUNT) 무게를 재고(WEIGHT) 최종적으로 잠궜다는 의미다. 즉 선사는 컨테이너 내용물에 대한 책임이 없다는 말과 같다. 이 문구를 부지약관(不知約款)이라고도 하는데 '선사는 컨테이너 내용물에 대해 알지 못한다(不知)'는 의미다.

⑪ **FREIGHT COLLECT:** 수신자 부담전화를 연상하면 이해가 쉬울 것이다. 운임(FREIGHT)은 수입업자 부담(COLLECT)한다는 것으로, 즉 '착불'을 의미한다.

⑫ **CY/CY:** 수출지의 컨테이너를 쌓아두는 장소, 씨와이(CY)에서 수입지 씨와이로 컨테이너가 이동한다는 의미이다. 에프씨엘(FCL), 즉 수출업자 단독 컨테이너이기에 가능한 일이다.

⑬ **SHIPPED ON BOARD:** SHIPPED ON BOARD는 선적일을 말한다. 여기서는 2019년 8월 20일이다.

이메일로도 화물을 찾을 수 있다, 써렌더 비엘

선박운송에서 수입업자가 수입지 항구에 도착한 화물을 찾기 위해서는 원본과 사본으로 구성된 비엘 세트가 있어야 한다. 비엘은 배가 수출지 항구를 떠날 때 발행되며, 발행된 비엘은 우편 등을 통해서 수출업자에게 배송된다. 그리고 수출업자는 우편으로 받은 비엘을 수입업자에게 국제택배로 송부한다.

발행된 비엘을 수입업자가 받기까지 대략 7일에서 그 이상이 걸릴 수도 있다. 호주 같이 배가 도착하는 데 3주에서 4주 정도 걸리는 거리라면, 수입업자가 비엘을 받는 데 7일이나 며칠 더 초과하는 것은 문제가 되지 않는다. 문제는 중국이나 일본처럼 배가 도착하는 데 하루나 이틀 정도 걸리는 거리다. 원본 비엘은 아직 도착하지 않았는데 화물은 이미 수입지 항구에 도착했다면, 경우에 따라서는 화물을 찾을 때까지 창고료나 부대비용이 발생할 수 있다. 특히 빨리 화물을 찾고 싶은 수입업자 입장에서는 여간 화나는 상황이 아닐 수 없다.

이러한 불편함을 해소하기 위해서 나온 것이 바로 써렌더 비엘(SURRENDERED B/L)이다. 영단어 surrender는 '(권리 등을) 포기하다'라는 뜻으로 원래는 수출업자의 원본 비엘이 있어야 수입업자가 화물을 찾을 수 있지만 수출업자가 꼭 원본이 아니더라도 화물을 찾아가는 것을 허용한다는 의미다.

운송사는 비엘에 'SURRENDERED'라는 도장을 찍는데 이러한 도장이 찍힌 비엘을 써렌더 비엘이라 한다. 수출업자가 운송회사로부터

BILL OF LADING

HURRAH
WWW.HURRAH.00.00

Shipper :
SEGERYO CO.,LTD.
DOBONGRO-2 SEOUL,00000, KOREA
TEL : 82-2-000-0000
FAX : 82-2-000-0001

B/L NO.(also to be used as payment ref. :   **Booking No.**
AB1268EBEKQLG56

Export References

Consignee :
ABC COMPANY
MELBOURNE, 00000, AUSTRALIA
TEL : 61-1-0000-1234
FAX : 61-1-0000-1235

Forwarding Agent-References
NOORI AIR&MARINE
SEOUL, KOREA

Notify Party :
same as above

Domestic Routing Instruction/Also Notify/Agent at Port of Discharge

Place of Receipt	Pre-carriage by			
Port of Loading BUSAN, KOREA	Ocean Vessel DREAM	Voyage 100W	Originals to be released at	Freight payable at
Port of Discharge MELBOURNE, AUSTRALIA	Place of Delivery		Mode Load Area	Mode Disch.Area

Marks&Nos Cont./Seal Nos.	No. of Pkgs	Description of Goods	PARTICULARS FURNISHED BY SHIPPER	Gross Weight	Measurement
EMEE2253579 SEAL-NUMBERS 08354623		20' DC - SHIPPER'S LOAD, STOW, COUNT, WEIGHT AND SEAL TV 1000SETS		9000.00KGS	

FREIGHT COLLECT

CY/CY

Page : 1 of 1

SURRENDERED
Copy

Tariff Item No.	Total No. of Pkgs.	Declared value(See clause 4.2(b))	No. orig. B/L 3	SHIPPED ON BOARD : AUG. 20, 2018

써렌더 비엘이다. 일반적으로 써렌더 비엘은 위의 SURRENDERED처럼 비엘(B/L)에 'SURRENDERED' 도장을 찍어서 표시한다.

이메일이나 카톡 혹은 팩스로 받은 써렌더 비엘을 수입업자에게 이메일 등으로 보내고, 수입업자는 이 사본으로 화물을 찾을 수 있다.

당연히 원본 비엘이나 써렌더 비엘은 하나만 발행될 수 있다. 만약 원본 비엘이 이미 발행된 상태에서 써렌더 비엘을 발행받고 싶다면, 운송회사는 원본을 회수한 후 써렌더 비엘을 발행한다.

수입업자 쪽에서 비엘을 'TELEX RELEASE'로 해달라고 하면 거의 써렌더 비엘을 의미하기도 한다. 써렌더 비엘이 필요하면 수출업자는 운송회사에게 "써렌더 해주세요"라고 말하면 된다.

써렌더 비엘과 유사한 씨웨이빌(SEAWAYBILL)

써렌더 비엘(SURRENDERED B/L)같이 수입업자가 팩스나 이메일 등으로 받아서 화물을 찾을 수 있는 운송장이다.

발행된 원본이 아니더라도 사본으로 화물을 찾을 수 있도록 하는 것이 써렌더 비엘이라면, 씨웨이빌은 택배운송장처럼 누가 누구에게 보낸다는 정도의 의미를 가진 운송장이다. 일반적으로 비엘은 사고팔 수 있지만 씨웨이빌이나 써렌더 비엘은 사고팔 수 없다.

확인 또 확인, 체크빌

비엘에는 받는 사람(CONSIGNEE)과 보내는 사람(SHIPPER), 화물의 수량 및 무게 등이 기재된다. 이것은 수출업자가 운송사에 보내는 패킹리스트를 보고 운송사에서 비엘 양식에 기재한다.

그리고 비엘(B/L)을 발행하기 전 수출업자에게 작성된 비엘의 내용이 맞는지 확인을 요청하는데, 이때 수출업자에게 보내는 빌(BILL), 즉 서류를 체크빌이라 한다.

체크빌을 받아서 작성된 내용을 확인한 후에 문제가 없으면 이메일 등으로 운송회사에 "(비엘을) 발행해주세요"라고 하면 된다.

일반적인 비엘(B/L) 형식, 스트레이트 비엘(STRAIGHT B/L)

스트레이트 비엘(STRAIGHT B/L)은 일반적인 비엘의 형태로, 우리말로는 기명식 비엘이라 한다. 기명이라는 것은 이름이 써졌다는 말로, 스트레이트 비엘에는 보내는 사람 이름과 받는 사람이 적혀 있기에 기명식 비엘이라 한다.

```
BILL OF LADING                              HURRAH
                                            WWW.□□□□.□□

Shipper :
SEGERYO CO.,LTD.
DOBONGRO-2 SEOUL,00000, KOREA           B/L NO.(also to be used as payment ref. : | Booking No.
TEL : 82-2-000-0000                     AB1268EBEKQLG56
FAX : 82-2-000-0001                     Export References

Consignee :
ABC COMPANY
MELBOURNE, 00000, AUSTRALIA
TEL : 61-1-0000-1234
FAX : 61-1-0000-1235                     Forwarding Agent-References

Notify Party :                          NOORI AIR&MARINE
same as above                           SEOUL, KOREA

                                        Domestic Routing Instrcction/Also Notify/Agent at Port of Discharge

Place of Receipt      | Pre-carriage by
```

사진은 보내는 사람과 받는 사람이 기재되어 있는 기명식 비엘 혹은 스트레이트 비엘(STRAIGHT B/L)이다. 사각형 안 위쪽은 보내는 사람(SHIPPER)이고, 아래쪽은 받는 사람(CONSIGNEE)이다.

받는 사람 이름이 적혀 있지 않다, 오더 비엘(ORDER B/L)

오더 비엘(ORDER B/L)은 받는 사람(CONSIGNEE)란에 물건을 받는 업체가 아닌 'TO ORDER'만 적혀 있는 비엘을 말한다.

비엘의 경우 사고팔 수 있는데, 일반적인 비엘처럼 받는 사람란에 업체명이 기재되어 있으면 보내는 사람이 팔기가 곤란하기 때문이다. 즉 받는 사람을 정해놓지 않으면 보내는 사람이 비엘을 팔기가 용이해진다.

그리고 보내는 사람이 구매자, 즉 받는 사람이 정해지면 수표처럼 비엘 뒤에 사인을 해서 넘긴다. 그렇게 되면 비엘은 받는 사람의 소유가 된다. 이러한 오더 비엘은 대표적으로 신용장일 때 사용된다.

```
BILL OF LADING                          HURRAH
                                        WWW.HURRAH.00.00
Shipper :
SEGERYO CO.,LTD.
DOBONGRO-2 SEOUL,00000, KOREA           B/L NO.(also to be used as payment ref. : | Booking No.
TEL : 82-2-000-0000                     AB1268EBEKQLG56
FAX : 82-2-000-0001
                                        Export References
Consignee :

TO ORDER
                                        Forwarding Agent-References
Notify Party :                          NOORI AIR&MARINE
same as above                           SEOUL, KOREA

                                        Domestic Routing Instruction/Also Notify/Agent at Port of Discharge
Place of Receipt        Pre-carriage by
```

사진은 오더 비엘(ORDER B/L)의 모습이다.

비엘을 사고파는 비엘 양도양수에 대해 알아보자

양도양수라는 것은 넘겨주고(양도讓渡) 넘겨받는(양수讓受)다는 말로,
간단히 말해 '사고판다'는 말이다. 비엘은 사고팔 수 있는데, 이를 비
엘 양도양수라 한다.

비엘(B/L)은 어떠한 제품을 싣고 간다는 의미가 포함되어 있는데,
비엘(B/L)을 사고판다는 것은 배에 실린 제품을 사고판다는 의미다.

지금도 많이 단축되었지만 그래도 배로 물건을 운송하는 데는 많은
시간이 소요된다. 오랜 시간 운송하다보면 시장 여건상 사려고 했던
사람이 취소를 하기도 하고, 팔려는 사람이 더 높은 가격에 사겠다는
사람을 만날 수가 있다. 이러한 경우에 대비해 보내는 사람(SHIPPER)
은 비엘(B/L)을 오더 비엘(ORDER B/L)로 만들어서 새로운 소비자에

게 판매하기도 한다.

받는 사람이 기재된 기명식인 경우에도 비엘을 사고팔 수 있는데, 이때는 받는 사람이 배에 실린 물건을 또다른 사람에게 판매하는 경우다. 예를 들어 해외의 광물을 구매 계약해서 수입통관 전에 배에 실린 화물, 즉 비엘(B/L)을 얼마간의 마진을 붙여서 국내의 다른 업체에 판매하는 경우도 있다. 이때 비엘(B/L)을 구매한 업체는 자기 이름으로 수입신고를 해서 관세 등을 세관에 납부한 후 물건을 인수한다. 이러한 경우에 양도양수 계약서 등을 작성하면 된다.

보내는 사람의 이름을 숨기다, 스위치 비엘

수출업자와 제조업자, 수입업자 등의 삼자가 있는 경우에는 스위치 비엘을 발행하기도 한다. 스위치 비엘은 제조업자의 이름이나 제조업자의 나라 등을 다른 회사명이나 나라로 바꾸는, 즉 스위치(SWITCH)하는 비엘(B/L)을 말한다.

예를 들어 수출업자는 한국에 있고, 수출제품은 중국의 업체에서 제조를 하고, 수입업자는 미국에 있는 경우 수출제품은 중국업체에서 미국으로 바로 보낸다. 이것을 무역에서는 중계무역이라 하고, 중국제품을 구매해 미국으로 보내는 한국업체를 중계무역회사 혹은 중계무역상이라고 한다. 비엘(B/L)을 스위치하는 경우는 보통 제조업자와 수입업자가 다이렉트로 거래하는 것을 방지하기 위해서다.

〈스위치 비엘의 유형〉

제조업자는 중국업체(A), 수출업자는 한국업체(B), 수입업자는 미국업체(C)인 경우 스위치 비엘의 유형은 다음과 같다.

1. 보내는 사람의 이름과 주소 등을 바꾸는 혹은 숨기는 경우

제조업자
(중국업체A)

제품준비가 완료되면 제조업자는 한국의 수출업체가 예약해놓은 운송업체에게 운송준비가 되었음을 알린다. 운송업체는 보내는 사람, 즉 SHIPPER란에 중국업체(B)가 아닌 다른 업체 이름과 주소 연락처 등을 기재하고, 받는 사람, 즉 CONSIGNEE란에는 미국업체(C)를 기재한 스위치 비엘을 작성한다. 그리고 화물을 인수한 후 수입업자인 미국업체에게 화물을 배로 보낸다.

수입업자
(미국업체C)

2. 제조업자의 국적을 숨기는 경우

제조업자
(중국업체A)

제품준비가 완료된 중국업체(A)는 화물을 한국업체(B)가 있는 한국으로 보낸다. 이 경우 보내는 사람은 중국업체(A), 받는 사람은 한국업체(B)다.

중계무역회사
(한국업체B)

한국업체(B)는 한국의 항구에 도착한 화물을 미국으로 가는 배에 실어서 미국업체(C)에게 보낸다. 이때 비엘에는 배가 출발하는 국가가 한국으로 찍히게 된다.

수입업자
(미국업체C)

비행기로 물건을 보내는 방법에 대해 파악하자

우리나라는 삼면이 바다로 되어 있지만 실제로 이용할 수 있는 운송수단이 배와 비행기 밖에 없다. 여기에서는 비행기 운송방법에 대해 자세히 알아보기로 하자.

항공운송은 선박운송과 어떻게 다른가?

일단 화물을 비행기로 수출이나 수입하면 빨리 보내고 받을 수 있다. 이에 반해 운송료가 싸고 많은 화물을 실을 수 있는 배의 경우 운송 속도가 많이 느리다는 단점이 있다. 우리나라와 가까운 일본이나 중국의 경우에는 하루나 이틀 정도면 배가 도착하지만 호주 등은 거의 3주 이상이 걸린다.

배와 달리 비행기의 경우, 웬만한 국가는 거의 하루나 이틀이면 화물이 도착할 수 있다. 그러므로 급히 보내야 하는 화물인 경우에는 비행기로 보내는 것이 적합할 수도 있다.

비행기의 단점이라면 배에 비해 운송료가 비싸다는 것이다. 예를 들어 무게로만 계산했을 때 대략 10톤 정도의 화물을 중국에 배로 보낼 경우에 운송료는 20만 원 이내로 발생한다. 이에 반해 비행기로 화물을 보내는 경우, 운송료는 kg당 몇천 원대로 10톤이면 엄청난 운송료가 발행한다. 실제로 이 정도 무게 운송이 가능한지도 운송사에 문의해봐야 한다.

또한 비행기에 실을 수 있는 화물도 배에 비해서는 적거나 작다. 즉 배로는 싣지 못하는 것이 거의 없는 데 비해, 비행기는 실을 수 있는 화물의 수와 크기가 제한적이다.

국적사와 외항사, 포워더와 비행기 운송사에 대해 알아보자

배의 경우에는 배를 가지고 운송을 하는 선박회사, 즉 선사가 있고, 선사의 화물공간을 싸게 임대해서 일반 수출 혹은 수입회사에게 재임대하는 포워더라는 운송사가 있다. 현대자동차나 포항제철 같이 대량으로 수출이나 수입하는 회사가 아닌 경우, 대부분의 수출이나 수입회사는 이 포워더라는 운송사를 통해 수출이나 수입을 한다.

비행기의 경우에도 배로 운송하는 경우와 비슷해서 비행기를 가지고 운송을 하는 항공회사가 있으며, 항공회사에는 국적사와 외항사가 있다. 국적사는 우리나라 국적의 항공사로, 대형 항공사인 대한항공과 아시아나가 있다. 그리고 저가 항공사로는 이스타항공, 티웨이항공,

제주항공 등 2018년 현재 약 8개 회사가 있다. 외항사는 외국 국적의 항공사로 여기에는 캐세이퍼시픽 항공(cathay pacific airways), 루프트한자 항공(Lufthansa), 타이 항공(Thai airways) 등이 있다.

선박운송과 마찬가지로 항공운송에서도 화물 공간을 빌려서 수출이나 수입회사에게 재임대하는 포워더가 있다. 보통 선박운송을 하는 포워더를 선박운송 포워더라 하고, 항공운송을 하는 포워더를 항공운송 포워더라고 한다. 하지만 대부분의 포워더는 선박운송과 항공운송을 모두 하고 있으므로 이러한 구분은 실무에서는 큰 의미가 없다.

비행기가 언제 출발하고 도착하는지 확인하자, 항공스케줄

비행기로 화물을 수출하는 경우 운송료와 함께 확인해야 하는 것이 '언제 비행기가 출발하는가'이다. 보통 일본이나 중국으로 가는 비행기는 거의 매일 있다. 하지만 지역에 따라, 나라에 따라 일주일에 한두 번 있는 경우가 있기 때문에 비행기 스케줄은 꼭 받아서 확인해야 한다.

Airport of Loading : INCHEON, KOREA
AirPort of Discharging : BERLIN, GERMANY

항공사	운항	비고
KE	매일	직항 1일 소요
OZ	매일	직항 1일 소요
SQ	월, 수, 금	경유 4~6일 소요

앞의 표는 포워더에게 인천 공항에서 독일 베를린 공항까지 가는 비행기 스케줄을 문의했을 때 받을 수 있는 스케줄 양식과 그 내용에 대한 해설이다. 항공사마다 스케줄 통지 양식은 제각각이니 참고하도록 하자.

〈해설〉

- **Airport of Loading**: 화물을 싣는(Loading) 곳으로, 여기서는 출발 공항이 인천 공항임을 알 수 있다.

- **Airport of Discharging**: 화물을 내리는(Discharging) 곳으로, 여기서는 도착 공항이 독일 베를린 공항임을 알 수 있다.

- **항공사**: 인천에서 출발해 베를린까지 가는 항공사로는 KE와 OZ, SQ가 있다. KE, OZ, SQ는 각 항공사를 의미하는 줄임말이다. KE는 대한항공, OZ는 아시아나항공 그리고 SQ는 싱가폴항공을 의미한다.

- **비고**: 직항 1일 소요는 다른 공항을 거치지 않고 바로 목적지인 독일 베를린까지 가는 데 하루가 걸린다는 말이다. 그리고 경유 4~6일은 직항과는 달리 다른 공항 등에 들렀다 가는 것을 말하는 것으로, 베를린까지 가는 데 경유해서 4일에서 6일 정도 걸린다는 말이다. 직항은 빨리 갈 수 있으나 경유보다는 운임이 비싼 경우가 있으니 참고하도록 한다.

비행기로 물건을 보낼 경우 운송비는 어떻게 되나, 운송비 견적

스케줄과 함께 반드시 확인해야 하는 것이 '과연 운송료가 어떻게 되는가'이다. 비행기 운송요금의 경우 배 운송요금과 마찬가지로 항공사별로, 운송지역별로 요금이 다양하며 포워더별로도 운송료의 차이가 있으니 잘 확인해서 업무에 활용하도록 하자.

아래의 표는 인천 공항에서 일본 나리타 공항까지 운송료 견적을 요청했을 때 받을 수 있는 견적 내용과 해설이다. 포워더마다 약간의 내용상 차이는 있을 수 있으니 참고하기 바란다. 그리고 요금은 가상의 것이니 정확한 사항은 포워더에게 문의하도록 한다.

From Inchon to Narita, Japan

(단위: 원)

	+45KG	+100KG	비고
AIR FREIGHT	2,000	1,300	KG당
FSC	500	500	KG당
THC	90	90	KG당
AMS	1,500	1,500	건당
HANDLING CHG	30,000	30,000	건당
AIRPORT CHG	30,000	30,000	건당

· 상기내역은 9월 말까지 유효합니다.
· 선적 전 비용은 반드시 확인 부탁드립니다.

〈해설〉

- **From Inchon to Narita, Japan:** 인천 공항에서 나리타 공항까지 가는 비행기 운송료임을 알 수 있다.

- **+45kg +100kg:** 화물의 무게가 45kg 이상(+), 100kg 이상(+)을 의미한다. 화물이 45kg 이상이거나 100kg 이상일 때 각 항목의 kg당 금액이다.

- **AIR FREIGHT:** 순수한 항공 운송요금을 말한다.

- **FSC:** Fuel Surcharge Charge의 약자로, 우리말로는 유가할증료라고 한다. 운임 외에 추가되는 비용이며, 수시로 변동되므로 잘 확인해야 한다. 실무에서는 '에프에스씨(FSC)'라고 한다.

- **THC:** Terminal Handling Charge라 하며 실무에서는 티에이치씨(THC)라 한다. 화물이 공항에 도착하면 공항 내 보세창고에 있다가 비행기에 실리는데, 이와 관련된 처리 비용을 말한다.

- **AMS:** Automated Manifest의 약자로, 여기서 Manifest는 적하목록, 즉 비행기에 적재된(積, 쌓을 적) 화물(荷, 멜 하)에 대한 목록을 의미한다. 비행기가 출발하기 전 적재된 화물에 대한 내역을 반드시 수입지에 제출해야 하는데, 이와 관련된 비용이다.

- **HANDLING CHARGE:** 항공운송사에서 화물을 비행기에 적재하게 되면 인수증을 발행하는데, 이 인수증을 에어웨이빌(AIRWAYBILL)이라고 한다. 항공사의 에어웨이빌 발행 비용이다.

- **AIRPORT CHARGE:** 공항사무소에서 화물에 라벨 작업을 하는 비용이다.

실제로 화물을 보내고 받아보자

앞서 배로 화물을 수출하고 수입하는 방법에 대해서 배웠는데, 비행기로 수출하고 수입하는 방법도 이와 크게 다르지 않다. 그리고 반드시 수출신고를 해야 비행기에 화물을 실을 수 있고 수입신고를 해야 공항에 있는 화물을 인수할 수 있다.

다음은 화물을 비행기로 수출 및 수입하는 과정이다.

수출업자

수출업자는 화물이 언제 준비되는지 생산 쪽과 협의 후, 포워더로부터 비행기 스케줄을 받는다. 그리고 수입업자와 비행기 스케줄을 협의 및 확정하고 비행기를 예약한다. 공항까지 운송할 트럭이 없다면 포워더에게 운송을 요청한다. 화물이 준비되고 약속된 시간에 준비된 트럭이 오면 화물을 트럭에 싣는다.

국내운송

준비된 트럭은 공항까지 화물을 운송한다. 공항에 도착된 화물은 공항 내 정해진 구역에 내려진다.

공항도착

화물이 비행기에 실리기 위해서는 반드시 세관에 수출신고를 해서 세관으로부터 수출신고필증을 받아야 한다. 수출신고는 공장에서 화물준비가 되어 수량 등이 확정되면 바로 하도록 한다.

수출지에서 비행기 출발 및 수입지 공항 도착

화물이 공항에 도착하면 수입업자는 수입신고를 하며, 관세 등을 납부하고 세관으로부터 수입신고필증을 받도록 한다. 수입신고시 제출하는 대표적인 서류로는 인보이스와 패킹 그리고 운송장인 에어웨이빌이 있다. 수입하는 제품이나 수출국에 따라 수입지 세관에서 추가로 요청하는 서류가 있으니 참고하도록 한다. 수입신고는 직접 하거나 관세사를 통해서 한다.

국내운송

수입지 창고까지 트럭 등으로 화물을 운송한다. 운송수단은 포워더 등을 통해서 구하도록 한다.

수입업자

에어웨이빌 혹은 항공운송장이란?

택배로 물건을 보낼 때 우리는 송장을 받는다. 배로 물건을 보낼 때는 비엘을 받는다. 마찬가지로 비행기로 물건을 보낼 때 운송회사로부터 운송장을 받는데, 이것을 에어웨이빌(AIRWAYBILL)이라 하며 우리말로는 항공운송장이라 한다.

항공운송장은 비엘과 그 내용에 있어 크게 다르지 않다. 기본적으로 보내는 사람(SHIPPER)의 이름과 주소 그리고 받는 사람(CONSIGNEE)의 이름과 주소, 포워더(Issuing Carrier's Agent) 이름, 수출화물 이름과 수량 등이 기재된다.

다음의 에어웨이빌 샘플을 보고 그 내용을 파악해보자,

〈해설〉

   ① <u>Shipper's Name and Address</u>: 보내는 사람을 기재하는 곳이다.

      여기서는 SEGERYO가 보내는 사람이다.

   ② <u>Consignee's Name and Address</u>: 받는 사람을 기재하는 곳이

Shipper's Name and Address	Shipper's Account Number	Not Negotiable

SEGERYO CO.,LTD.
DOBONGRO-2 SEOUL,00000, KOREA
TEL : 82-02-000-0000
FAX : 82-02-000-0001   ①

AIR WAYBILL   NOORI AIR&MARINE SEOUL, KOREA ④ ⑤

Issued by

Copies 1,2 and 3 of this Air Waybill are originals and have the same validity.

Consignee's Name and Address	Consignee's Account Number

ABC COMPANY
MELBOURNE, 00000, AUSTRALIA
TEL : 61-1-0000-1234
FAX : 61-1-0000-1235   ②

It is agreed that the goods described herein are accepted in apparent good order and condition (except as noted) for carriage SUBJECT TO THE CONDITIONS OF CONTRACT ON THE REVERSE HEREOF. ALL GOODS MAY BE CARRIED BY ANY OTHER MEANS INCLUDING ROAD OR ANY OTHER CARRIER UNLESS SPECIFIC CONTRARY INSTRUCTIONS ARE GIVEN HEREON BY THE SHIPPER, AND SHIPPER AGREES THAT THE SHIPMENT MAY BE CARRIED VIA INTERMEDIATE STOPPING PLACES WHICH THE CARRIER DEEMS APPROPRIATE. THE SHIPPER'S ATTENTION IS DRAWN TO THE NOTICE CONCERNING CARRIERS' LIMITATION OF LIABILITY. Shipper may increase such limitation of liability by declaring a higher value for carriage and paying a supplemental charge if required.

Issuing Carrier's Agent Name and City

NOORI AIR&MARINE SEOUL, KOREA   ③

Accounting Information

Agent's IATA Code	Account No.

Airport of Departure (Addr. of First Carrier)and Requested Routing
INCHON, KOREA   ⑥

Reference Number	Optional Shipping Information ⑦
	FREIGHT COLLECT

⑧ NRT | By First Carrier Routing and Destination   AB | to MEL | by AB | to | by | Currency USD | CHGS Code WT/VAL PPD COLL | Other PPD COLL | Declared Value for Carriage N.V.D | Declared Value for Customs |

Airport of Destination ⑨	Requested Flight/Date	Amount of Insurance
MELBOURNE, AUSTRALIA	AB200 / 20.AUG.2018	NIL

Handling Information
C/I & P/L ATTACHED

SCI

No.of Pieces RCP		kg lb	Rate Class Commodity Item No.	Chargeable Weight	Rate / Charge	Total	Nature and Quantity of Goods (incl. Dimensions or Volume)
1	45.0KG			45.0KG	AS AGREED		100SETS OF NOTEBOOK ⑩

Prepaid	Weight Charge	Collect	Other Charges
	AS AGREED		
	Valuation Charge		
	Tax		
	Total Other Charges Due Agent		Shipper certifies that the particulars on the face hereof are correct and that insofar as any part of the consignment contains dangerous goods, such part is properly described by name and is in proper condition for carriage by air according to the applicable Dangerous Goods Regulations.
	Total Other Charges Due Carrier		

Kiyongsuh ⑪

Signature of Shipper or his Agent

Total Prepaid	Total Collect	
Currency Conversion Rates	CC Charges in Dest Currency	20, AUG. 2019 ⑫
		Excuted on(Date) at(Place)
For Carrier's Use only at Destination	Charges at Destination	Total Collect Charges

다. 여기서는 ABC COMPANY가 받는 사람이다.

③ <u>Issuing Carrier's Agent Name and City:</u> 항공운송사를 기재하는 곳으로, 여기서는 NOORI AIR&MARINE가 항공운송사다.

④ <u>AIR WAYBILL:</u> 이것이 에어웨이빌, 즉 항공운송장임을 알 수 있다.

⑤ <u>에어웨이빌 발행회사</u>가 NOORI AIR&MARINE임을 알 수 있다.

⑥ <u>Airport of Departure:</u> 출발 공항이 기재되는 곳으로, 여기서는 인천 공항을 말한다.

⑦ <u>FREIGHT COLLECT:</u> 우리말로는 '착불'이라는 말이다. 즉 수입업자가 항공운송료를 부담한다는 말이다. 참고로 현불은 FREIGHT PREPAID이다.

⑧ <u>NRT:</u> 나리타 공항을 말하는 약칭으로, 여기서는 나리타 공항을 경유해서 간다는 말이다.

⑨ <u>Airport of Destination:</u> 도착지 공항을 말하며, 여기서는 호주 멜버른이 도착 공항이다.

⑩ <u>Nature and Quantity of Goods:</u> 수출화물에 대한 내역을 말하며, 여기서는 노트북 100세트가 비행기에 적재되는 화물이다.

⑪ <u>항공운송사 담당자의 사인</u>

⑫ <u>Executed on(Date):</u> 발행일자를 말한다. 여기서는 발행일자가 20. AUG. 2019, 즉 2019년 8월 20일이다.

국제택배로 수출화물을
수입업자의 집 앞까지 보낸다

운송에는 여러 가지 신경 쓸 것이 많은데 이렇게 복잡한 것을 알지 않아도 간단히 수출하거나 수입하는 방법이 있다. 바로 국제택배 혹은 쿠리어(COURIER)를 이용하는 것이다.

국제택배에는 무엇이 있나?

앞서 배나 비행기로 화물을 보내거나 받는 방법을 배웠다. 배나 비행기로 화물을 수출하거나 수입하기 위해서는 기본적으로 어떻게 수출되어서 어떻게 수입되는지 전 과정을 알고 있어야 한다. 그리고 최소한 운송회사에 포워더가 있고, 통관은 관세사를 통해 간단히 할 수 있다는 정도는 알고 있어야 한다.

또한 각종 견적과 선적하고 받는 운송장에 기재된 다양한 내용도 숙지하고 있어야 한다. 여러 가지 신경 쓸 것이 많은데 이러한 복잡한 절차를 알지 않아도 간단히 수출하거나 수입하는 방법도 있다. 바로 국제택배 혹은 쿠리어(COURIER)가 그것이다.

택배라는 것은 받는 사람의 집(宅, 집 택)까지 물건을 배달(配, 짝 배)해준다는 의미로, 우리는 이미 인터넷쇼핑이나 일반 쇼핑을 통해 무수한 물건을 택배로 보내고 받고 있다. 이러한 택배는 국내뿐만 아니라 나라와 나라 사이로도 오가고 있는데, 이것을 국제택배라 하며 영어로는 COURIER라고 한다(실무에서는 꾸리어라 한다).

국제택배는 국내택배처럼 수출업자의 회사에서 국제택배회사 직원이 화물을 픽업해 공항까지 가지고 가서 전용 비행기에 싣는다. 이때 수출신고까지 국제택배회사에서 대행해주기도 한다. 비행기에 실린 화물은 수입지 공항에 도착한 후 트럭 등에 실려서 송장에 기재된 수입업자 회사까지 배달한다. 물론 수입통관 또한 국제택배회사에서 진행해주기도 한다.

다음은 국제택배회사의 배송과정이다.

수출업자

수출업자는 전화나 인터넷 등으로 픽업 예약을 한다. 그리고 온라인을 통해 운송장을 작성하거나 종이 운송장을 작성한다.

국제택배회사 화물 인수 및 공항 이동

화물을 인수한 택배 직원은 여러 장으로 구성된 운송장 중 한 장을 수출업자에게 준다. 그리고 국제택배회사는 수출통관을 진행하기도 한다. 수출업자는 운송장에 적힌 운송장 번호를 이메일 등으로 수입업자에게 알려준다. 이 송장 번호로 수입업자는 화물이 어디쯤 도착해 있는지 인터넷으로 확인할 수 있다.

비행기에 화물 적재 및 수입지까지 운송

수입지 공항 등에 도착

수입업자

국제택배회사는 수입지 항구에 도착한 화물을 세관에 수입신고를 진행한다. 수입신고가 완료되면 국제택배회사는 수입업자에게 배송한다.

*참고로 국제택배의 요금은 국제택배회사 영업사원과 협의해 네고가 가능하다.

〈국제택배회사의 종류〉

국제택배를 하는 국제택배회사로는 대표적으로 우체국 국제택배인 EMS가 있다. 그리고 독일계 회사인 DHL이 있으며, 미국계 회사인 FEDEX나 UPS도 있다.

같은 국제택배회사라도 실제로 이용해보면 어느 정도의 차이가 있다는 것을 알 수 있다. 또한 가격과 같이 객관적으로 드러난 지표 외에 대응력, 친절성 등에 차이가 있으니 참고하도록 한다.

EMS 운송장에는 서류용과 비서류용이 있다

우리나라에서 대표적인 국제택배로는 우체국 택배인 EMS가 있다. EMS의 경우에는 EMS 운송장에 주소 등을 기재한 후 물건과 함께 우체국에 갖다주거나 배송원에게 직접 전달하면 된다.

EMS 운송장에는 서류용과 비서류용이 있는데, 서류를 보낼 때는 서류용 운송장을 작성하고, 서류 외의 것을 보낼 때는 비서류용 운송장을 작성하면 된다. 운송장은 우체국에 비치되어 있으므로 참고하도록 한다.

EMS 운송장을 작성해보자

국제택배회사는 직접 배달원이 방문해 화물을 인수하거나 화물을 국제택배회사 지점에 가져다주면 된다. 그리고 화물 전달시 운송장을 작성해야 하는데, 아래와 같이 EMS 운송장 작성방법에 대해 배워보자.

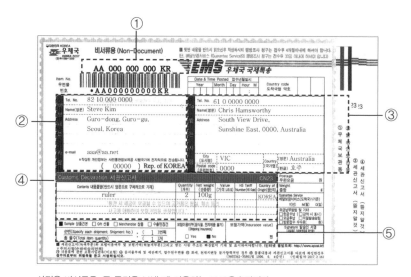

사진은 비서류용, 즉 물건을 보낼 때 이용하는 EMS운송장이다

① 트래킹번호, 즉 송장번호다. 송장번호로 화물이 어디쯤에 도착해 있는지 온라인에서 확인이 가능하다.

```
택배배송 조회

EMS ▼  [            ]  [ 조회 ]
```

사진은 송장번호로 EMS화물의 위치 확인을 위한 인터넷 검색화면이다

② 보내는 사람: 전화번호(Tel No)는 국가번호와 지역번호를 포함한 연락처를 쓴다. 지역번호를 쓸 때는 숫자 영(0)은 빼고 쓴다. 예시처럼 휴대폰 번호를 쓰면 문자로 배송 상황에 대한 내용을 받을 수 있다.

연락처 아래에 보내는 사람의 영문이름을 쓰고 주소는 크기가 작은 단위부터 쓴다. 예시처럼 '구로동 구로구 서울' 식으로 하며, 영문으로 쓰도록 한다.

③ 받는 사람: 보내는 사람과 마찬가지로 국가번호와 지역번호를 포함한 연락처를 쓴다. 우편번호는 반드시 써야 하는데, 만약 우편번호가 없으면 배송시간이 길어질 수 있다.

④ 세관신고서: 보내는 제품에 대한 내역을 쓴다.

⑤ 상품견본인지, 선물인지 등을 표시한다. 제품에 따라 보험을 가입할지 여부를 표시한다.

〈국제택배와 같은 듯 다른 핸드캐리〉

'핸드캐리'는 보통 해외로 가는 비행기나 배 등에 내 짐을 가지고 들어가는 것을 말했었다. 하지만 중국 같이 가까운 나라에서 물건을 사오거나 물건을 가지고 중국으로 가는 사람이 늘어나면서 남의 짐도 가져다주는 서비스가 생겼고 이들을 보따리상 혹은 따이공이라 하는데, 이들을 통해 배송하는 것을 '핸드캐리'라고도 한다.

동영상으로 명쾌하게 이해한다
EMS 운송장 작성 방법

인코텀즈,
운송에 따른 책임과 비용을 정하다

우리가 일상에서 경험하는 착불과 현불처럼, 무역에서도 이러한 책임과 비용에 대한 것을
정리해놓은 것이 있는데 이를 '인코텀즈'라 한다.

착불과 현불 혹은 운송비 별도

일상생활에서 착불과 현불(선불)에 대해 많이 들어보았을 것이다. 착불이라는 것은 도착지, 즉 물건을 받는 사람이 운송비를 부담한다는 것이고, 현불 또는 선불이라는 것은 보내는 사람이 운송료를 지불한다는 의미다.

그리고 경우에 따라서 누가 운송비를 지불할지 결정하지 않는 등의 '운송비 별도'도 있다.

착불 혹은 현불시 물건이 파손되면 화물에 대한 보상은 누가 하게 될 것인가? 먼저 현불인 경우에는 보내는 사람이 운송료를 지불하고

물건을 보냈는데, 화물이 파손된 것이다. 이때 상식적으로는 보낸 사람이 파손된 부분에 대해 책임을 진다.

물론 보내는 사람은 당연히 운송회사에 보상을 요구하겠지만 일차적으로 물건을 받는 사람은 보내는 사람에게 보상을 요구한다.

예를 들어 인터넷쇼핑몰에서 운송비를 포함한 가격으로 무역실무 책을 배송했다고 하자. 그런데 운송중 책이 물에 젖게 되었다면 받는 사람은 이에 대해 인터넷쇼핑몰에게 환불 및 교환을 요구하며, 인터넷 쇼핑몰에서는 다시 운송회사에 보상을 요구하게 된다.

이와 반대로 운송료가 착불일 때 운송중 화물이 파손되면 일반적으로 받는 사람이 보낸 사람 또는 바로 운송회사에 보상을 요구할 수 있다.

이와 같이 국내에서 무언가를 사고팔 때 운송비를 누가 지불할 것인지에 대해 착불이나 현불 같은 용어가 있으며, 이러한 용어로 간단히 소통할 수 있다. 또한 누가 화물의 운송비를 지불했느냐에 따라 운송중 화물이 파손되었을 때 누가 누구에게 책임을 물을 수 있는지가 명확해진다.

그렇다면 국내에서 이루어지는 사고파는 행위가 아닌 무역, 즉 나라와 나라 사이에서 이루어지는 사고파는 행위에서의 착불과 현불에 대한 용어는 무엇일까? 그리고 운송중의 물건 파손시 책임 등에 대한 상식은 어떻게 될까?

비용과 책임

국내에서 이루어지는 사고파는 과정은 비교적 간단하고, 운송비 외에
특별히 발생하는 비용도 거의 없다.

▼ 국내에서 제품이 보내는 사람에서 받는 사람에게 전해지는 과정

보내는 사람 ─────────→ 받는 사람
(운송. 이 경우 운송비 발생)

하지만 수출 또는 수입으로 이루어지는 과정은 아래의 경우처럼 국
내보다는 조금 더 복잡하다.

▼ 국내에서 해외로 혹은 해외에서 국내로, 수출업자에서 수입업자에게 제품이 보내지는 과정

보내는 사람(수출업자) → 국내운송 → 항구(혹은 공항 도착) → 통
관 → 국제운송 → 항구(혹은 공항) 도착 → 통관 → 국내운송 →
받는 사람(수입업자)

수출업자에게서 수입업자에게 화물이 전달되기까지 이처럼 많은
과정을 거치고, 갖가지 비용이 발생한다. 이 과정에서 발생하는 각종
비용은 다음과 같다.

▼ 수출된 제품이 수입되기까지 발생하는 각종 비용

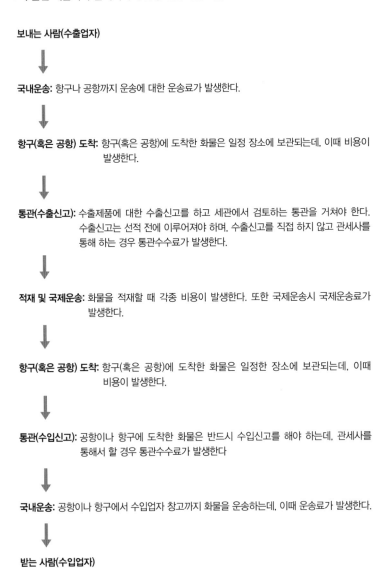

보내는 사람(수출업자)

↓

국내운송: 항구나 공항까지 운송에 대한 운송료가 발생한다.

↓

항구(혹은 공항) 도착: 항구(혹은 공항)에 도착한 화물은 일정 장소에 보관되는데, 이때 비용이 발생한다.

↓

통관(수출신고): 수출제품에 대한 수출신고를 하고 세관에서 검토하는 통관을 거쳐야 한다. 수출신고는 선적 전에 이루어져야 하며, 수출신고를 직접 하지 않고 관세사를 통해 하는 경우 통관수수료가 발생한다.

↓

적재 및 국제운송: 화물을 적재할 때 각종 비용이 발생한다. 또한 국제운송시 국제운송료가 발생한다.

↓

항구(혹은 공항) 도착: 항구(혹은 공항)에 도착한 화물은 일정한 장소에 보관되는데, 이때 비용이 발생한다.

↓

통관(수입신고): 공항이나 항구에 도착한 화물은 반드시 수입신고를 해야 하는데, 관세사를 통해서 할 경우 통관수수료가 발생한다

↓

국내운송: 공항이나 항구에서 수입업자 창고까지 화물을 운송하는데, 이때 운송료가 발생한다.

↓

받는 사람(수입업자)

이처럼 복잡한 과정을 거치는 경우 누가 어디까지 비용을 부담한다는 것을 어떻게 표기할 것인가? 또한 화물이 파손될 경우를 대비해 책임소재를 어떤 식으로 표기할 것인가? 이러한 것들이 상품판매 전에 제대로 결정되지 않으면 아마 국제거래는 거래 분쟁으로 인해 제대로 거래가 이루어지지 않을 것이다.

다행히 착불과 현불처럼 무역에서도 이미 이러한 책임과 비용에 대한 것을 정리해놓은 것이 있다. 이를 '인코텀즈'라고 한다.

국내는 착불과 현불, 해외는 인코텀즈 혹은 가격조건

인코텀즈는 국제 상업회의소(ICC)에서 정리한 것으로 'INCOTERMS'라는 영문을 의미한다. INCOTERMS는 International Commercial TERMS의 약자로 국제적(international) 상거래(commercial)에서 일어날 수 있는 비용과 책임과 관련된 갖가지 조건(terms)들을 정리해놓은 것이다.

인코텀즈는 총 11개의 조건으로 구성되는데, 여기에는 EXW, FCA, FAS, FOB, CFR, CPT, CIF, CIP, DAP, DPU, DDP 등으로 구성된다. 각각의 조건에는 수출업자가 비용과 책임을 어디까지 부담한다는 내용이 명시되어 있기 때문에 수출업자와 수입업자는 협의에 따라 인코텀즈의 11개 조건 중 하나를 계약서에 작성하면 된다. 인코텀즈에는 조건에 대한 비용과 책임이 분명하게 나와있기 때문에 분쟁할 일은 훨씬 줄어들게 된다.

　국내거래에서 운송비를 누가 부담할 것인지를 계약서에 착불, 현불로 기재하는 것처럼 국제거래에서는 '인코텀즈+지역'이나 '인코텀즈+지역+금액'으로도 쓸 수 있다. 즉 수입지 항구인 '일본 나고야 항까지 운송료를 포함한 가격은 USD10,000.00이다'를 'CFR　NAGOYA USD10,000.00'로 쓸 수 있다.

운송비 별도 혹은 엑스워크

엑스워크(EXW)는 EX WORKS의 약자로, 우리말로는 작업장 인도가격이라고 한다. 수출업자는 작업장(WORKS) 밖(EX)에 수출화물을 내놓는, 즉 수입업자가 화물을 인수해갈 수 있도록 수출업자 작업장에서 화물 준비만 해놓으면 수출업자의 비용과 책임이 끝나는 조건이다.

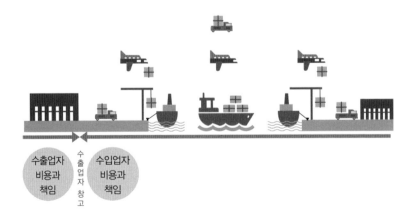

	비용	책임 혹은 위험부담	수출신고/수입신고
수출 업자	제품 준비 외에 수출 관련 부담해야 할 것은 없다	제품을 준비만 해놓으면 된다.	수출신고를 수입업자가 한다.
수입 업자	수출업자로부터 화물 인수 후 발생하는 모든 비용	제품 인수 후 발생하는 모든 제품 파손에 대한 위험부담	수출신고와 수입신고를 수입업자가 한다.

▼ 엑스워크(EXW) 표기와 실무

- 표기: 표기는 EXW + 지정 장소 (+금액) 등으로 한다.
- 실무: EXW KOREA USD100,000.00 혹은 EXW KOREA라고 계약서 등에 기재한다.

한국에 있는 A회사는 미국에 있는 B회사에 전자레인지를 수출하기로 했다. 판매금액은 10만 달러어치인데, A회사는 한번도 수출을 해본 적이 없어 수출 포장만 해놓을 테니 B회사에서 알아서 가져가기로 합의했다. 그래서 계약서에는 EXW KOREA USD100,000.00로 작성했다. A사로부터 수출 준비가 다되었다는 통지를 받은 미국의 B회사는 미국의 운송업체에게 인수를 요청했고, 미국 운송업체는 한국의 파트너사에 다시 인수를 요청했다. 한국의 파트너사는 A사를 컨택해 화물을 인수했고, 이어 수출신고 후 미국으로 화물을 송부했다.

* 참고로 오해의 소지를 없애기 위해 지정장소는 계약서에 자세히 기재하거나 따로 세밀한 주소를 기재하는 것이 좋다.

공항까지 화물을 보내는 에프씨에이(FCA)

에프씨에이(FCA)는 Free Carrier의 약자로, 수출업자는 수입업자의 운송회사(Carrier)에게 화물을 넘겨주는 것으로 그 비용과 책임에서 자유로워지는(Free), 즉 비용과 책임을 지지 않는 조건이다. 에프씨에이(FCA)는 우리말로 운송인 인도가격이라고도 한다. 수입업자 쪽 트럭이 화물인수를 위해 수출업자에게 온 경우, 수출업자는 트럭에 화물을 실어줄 때 발생하는 비용과 책임을 부담한다.

화물을 트럭에 싣고 그 이후 발생하는 모든 비용과 책임은 수입업자가 부담한다. 만약 수입업자가 수출지의 특정한 장소까지 운송해주기를 원하면 수출업자는 그 장소까지 화물을 보내야 하는데, 대신 그 특정한 장소에 화물을 내리는 책임과 비용은 수입업자가 부담한다. 특정 장소까지 운송해야 하는 경우, 계약서 등에 그 특정 장소를 명확히 작성해야 오해의 소지가 없다.

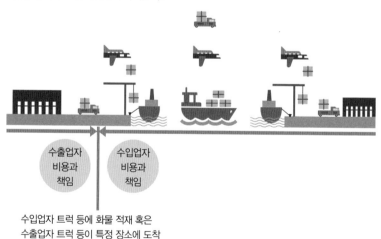

수입업자 트럭 등에 화물 적재 혹은
수출업자 트럭 등이 특정 장소에 도착

▼ 에프씨에이(FCA) 선정시

	비용	책임 혹은 위험부담	수출신고/수입신고
수출업자	1. 수입업자 트럭에 화물을 싣고 난 이후 발생하는 모든 비용 2. 수입업자가 지정한 수출지 장소까지 배송하는 데 드는 비용. 특정 장소에서 내릴 때부터 발생하는 모든 비용은 수입업자가 부담한다.	1. 수입업자 트럭에 화물을 싣고 난 이후 발생하는 모든 책임 2. 수입업자가 지정한 장소에 화물을 배송할 때까지	수출신고를 한다.
수입업자	1. 수출지에서 자신(수입업자)이 고용한 트럭에 화물이 적재된 이후 발생하는 모든 비용 2. 수출지에서 자신(수입업자)이 지정한 장소에 수출업자가 보낸 트럭으로부터 내릴 때부터 발생하는 모든 비용	1. 자신(수입업자)이 부른 트럭에 화물이 실린 이후부터 2. 수출지에서 자신(수입업자)이 지정한 장소에 도착한 화물을 내릴 때부터	수입신고를 한다.

*참고로 에프씨에이(FCA)는 벌크화물일 경우 에프에이에스(FAS)를 쓰도록 한다. 자세한 것은 에프에이에스(FAS)를 참조하도록 한다.

▼ 에프씨에이(FCA) 표기와 실무

> • 표기: 표기는 FCA + 지정 장소(+금액)으로 한다.
> • 실무: FCA INCHON AIRPORT USD100,000.00 혹은 FCA INCHON AIRPORT 등으로 계약서에 기재한다.
>
> 한국에 있는 A사는 미국의 B사에 전자레인지용 부품 10만 달러 수출 계약을 체결했다. A사는 화물을 인천 공항 내 창고까지 배송하기로 B사와 합의했고, 이를 계약서에 FCA INCHON AIRPORT USD100,000.00으로 표기했다.
> 제품 수출준비가 완료된 A사는 B사에 이를 통지했다. B사는 거래 포워더에게 이를 통지했고, 거래 포워더는 한국의 파트너에게 이 사실을 통지했다. 한국의 파트너는 A사를 컨택했고, 인천 공항 내 자신의 창고까지 배송을 요청했고, A사는 트럭으로 화물을 지정된 장소까지 배송했다. 물론 A사는 관세사를 통해 세관에 수출신고를 했다.

배 옆에 화물을 두는 에프에이에스(FAS)

에프에이에스(FAS)는 Free Along Ship를 의미하며, 우리말로는 선측(Along ship) 인도가격이라고도 한다. 에프에이에스로 정했다는 것은 수출업자는 수출화물을 배 옆(Along Ship)에 두는 것으로 그 비용과 책임에서 자유로워지는(free), 비용과 책임이 끝나는 것으로 수입업자와 수출업자가 합의했다는 것이다. 그 이후 발생하는 비용과 책임은 수입업자가 부담한다.

수출화물을 벌크화물만 모아두는 전용부두에 적재해놓은 모습이다

벌크화물을 배가 정박해 있는 부두에 두는 것으로 수출업자의 책임과 비용은 끝나게 된다. 이후 발생하는 비용과 책임은 수입업자의 몫이다.

참고로 컨테이너 화물인 경우 배가 정박하는 부두에 화물을 모아두는 것이 아닌 선박회사가 지정해놓은 씨와이에 모였다가 크레인 등으로 배에 실리기 때문에 인코텀즈 해설서에서는 컨테이너 화물일 때는 에프씨에이(FCA)를, 벌크화물일 때는 에프에이에스(FAS)를 쓰도록 하고 있다.

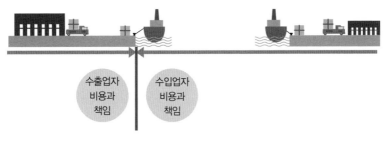

선측(Alongside Ship)

▼ 에프에이에스(FAS) 선정시

	비용	책임 혹은 위험부담	수출신고/ 수입신고
수출 업자	수출지 항구 내 선박회사에서 지정한 부두에 적재하는 것으로 **비용**이 끝난다.	수출지 항구 내 선박회사에서 지정한 부두에 적재하는 것으로 **책임**이 끝난다.	수출신고를 한다.
수입 업자	수출지 항구 내 부두에 화물이 적재된 이후 발생하는 **모든 비용**은 수입업자가 부담한다.	수출지 항구 내 부두에 화물이 적재된 이후 발생하는 **모든 책임**은 수입업자가 부담한다.	수입신고를 한다.

▼ 에프에이에스(FAS) 표기와 실무

> • 표기: 표기는 FAS+지정항(+금액)으로 한다.
> • 실무: FAS INCHON PORT USD100,000.00 혹은 FAS INCHON PORT로 계약서에 기재한다.
>
> 에프에이에스(FAS)를 선택했으므로 수출업자는 수입업자가 예약한 배가 접안할 항구의 부두까지 화물을 운송해 선측에 놓는 것으로 비용과 책임이 끝나게 된다.

화물을 선적하는 것으로 끝나는 에프오비(FOB)

에프오비(FOB)는 Free On Board를 의미하는데, 우리말로는 본선인도가격이다. 에프오비(FOB)는 'FAS+적재' 개념으로 보면 되는데, 수출업자는 화물을 배에 선적(on borard)하면서 비용과 책임이 끝나게(free) 된다. 이후 발생하는 모든 비용과 책임은 수입업자의 몫이다.

에프오비(FOB)는 무역에서 대표적으로 많이 사용되는 인코텀즈다. 실무에서는 국제운송료를 수입업자가 지불하는 경우에 대부분 에프오비(FOB)를 사용한다. 하지만 인코텀즈 해설서에서 에프오비(FOB)는 수로운송과 해상운송에 쓰이며 벌크화물일 때 사용하도록 하고 있고, 컨테이너 화물이거나 항공운송일 때는 에프씨에이(FCA)를 쓰도록 하고 있다. 이는 벌크화물의 운송 과정과 컨테이너 화물의 운송 과정을 보면 쉽게 이해할 수 있다.

항구에 도착한 컨테이너는 선박회사가 지정한 씨와이(CY)에 모였다가 정해진 시간에 배에 실린다. 선박회사가 지정한 씨와이(CY)에서 컨테이너를 인수한다는 것은 선박회사, 즉 수입업자가 계약한 운송회사가 화물을 인수했다는 것이다.

에프오비(FOB)는 수출업자가 화물을 배에 싣는 것으로 비용과 책임이 끝나게 되는데, 컨테이너 화물일 경우 배에 싣기 전에 이미 수입업자의 운송회사에게 넘기게 되므로 맞지가 않다.

또한 항공화물의 경우에도 비행기에 바로 실리는 것이 아닌 운송회사의 일정한 장소에 모였다가 비행기에 실리게 되므로 컨테이너 화물

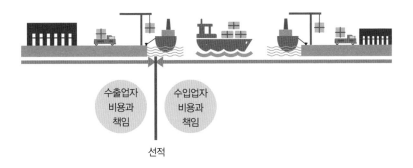

수출업자
비용과
책임

수입업자
비용과
책임

선적

▼ 에프오비(FOB) 선정시

	비용	책임 혹은 위험부담	수출신고/ 수입신고
수출 업자	수출지 항구 내 선박에 적재하는 것으로 수출업자 **비용**은 끝난다.	수출지 항구 내 선박에 적재하는 것으로 수출업자의 **책임**은 끝난다.	수출신고를 한다.
수입 업자	수출지 항구 내 선박에 적재한 이후에 발생하는 **모든 비용**을 수입업자가 부담한다.	수출지 항구 내 부두에 화물이 적재된 이후 발생하는 **모든 책임**은 수입업자가 부담한다.	수입신고를 한다.

동영상으로 명쾌하게 이해한다

FOB에 대해 알아보자

과 비슷하다. 그래서 컨테이너 화물과 비행기 화물일 때는 인코텀즈에서는 에프씨에이(FCA)를 쓰도록 하고 있다. 하지만 실무에서는 비행기든 선박이든 국제운송비를 수입업자가 부담하는 경우 에프오비(FOB)를 주로 쓰고 있다는 점을 참고하자.

> • 표기: 표기는 FOB + 지정항(+금액)으로 한다.
> • 실무: FOB INCHON PORT USD100,000.00 혹은 FOB INCHON PORT 등으로 계약서에 기재한다.
>
> FOB로 합의했으므로 수출업자는 수출지 항구인 인천항(INCHON PORT)에 정박한 수출선박에 화물을 적재하는 것으로 수출업자의 책임과 비용이 끝나게 된다.

운송비를 내는 것으로 끝나는 씨에프알(CFR)

'FOB+수입지 항구까지 선박운송료와 비용'이 씨에프알(CFR)이다. 씨에프알은 CFR로 Cost and Freight의 줄임말인데, 수출업자가 수입지 항구까지의 비용(Cost)과 운임(Freight)을 모두 부담하기로 할 때 정하는 인코텀즈이다. 하지만 수출업자가 화물을 수출선박에 적재하는 것으로 수출업자의 책임은 끝나는 것이 씨에프알(CFR)의 특징이다.

씨에프알(CFR)은 에프오비(FOB)와 마찬가지로 수로운송이나 해상 혹은 벌크화물일 때 쓰이고, 컨테이너 화물일 때는 씨피티(CPT)를 쓰도록 인코텀즈 해설서에서는 권고하고 있다.

씨에프알(CFR)의 경우, 수출업자 책임하에 배에 화물을 실어서 운송회사에 화물을 인계하는 것으로 수출업자의 책임이 끝나는 것이다. 컨테이너 화물은 씨와이(CY) 등에서 화물을 운송회사에 넘기는 것이기에 컨테이너화물이나 컨테이너화물과 비슷한 항공화물일 경우에는 씨에프알(CFR)을 쓰는 것은 적절치 않다. 컨테이너나 항공화물을 위

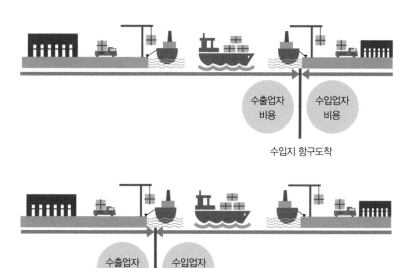

▼ 씨에프알(CFR) 선정시

	비용	책임 혹은 위험부담	수출신고/ 수입신고
수출 업자	수입지 항구까지 운송료 및 각 종 **비용**을 수출업자가 부담한다.	수출지 항구 내 선박에 적재하 는 것으로 수출업자 **책임**은 끝 난다.	수출신고를 한다.
수입 업자	수입지 항구에 배가 도착한 후 발생하는 **모든 비용**을 수입업자 가 부담한다.	수출지 항구 내 선박에 화물이 적재된 이후 발생하는 **모든 책** **임**은 수입업자가 부담한다.	수입신고를 한다.

한 씨에프알(CFR) 같은 것이 인코텀즈에 있는데 이를 씨피티(CPT)라
한다. 하지만 에프오비(FOB)와 마찬가지로 씨에프알(CFR)도 실무에
서는 벌크뿐만이 아니라 컨테이너나 항공화물에서도 쓰고 있으니 참
고하도록 하자.

> • 표기: 표기는 CFR+지정항(+금액)으로 한다. 지정항은 보통 수입지 항구다.
> • 실무: CFR NAGOYA PORT USD100,000.00 혹은 CFR NAGOYA PORT 등으로 계약서에 기재한다.
>
> 계약에 따라 수출업자는 나고야 항구까지 운송료를 부담하면 된다. 하지만 수출업자는 수출선박에 화물을 적재하는 것으로 책임이 끝나게 된다.
>
> * CFR을 CNF로 기재하기도 한다.

씨에프알과 유사한 씨피티(CPT)

씨에프알(CFR)이 벌크화물일 경우 수출업자가 수입지 항구까지 운송료를 지불하는 것이라면, 씨피티(CPT)는 컨테이너 화물일 경우 수출업자가 수입지 항구까지 운송료를 결제하는 것을 말한다.

씨피티(CPT)는 Carriage Paid To를 줄인 말로, 수출업자는 지정된 장소까지 운송료를 지불하는 조건이다. 하지만 수출업자가 합의된 장소에서 수출업자가 계약한 운송회사에 화물을 넘기는 것으로 수출업자의 책임은 끝나게 된다.

인코텀즈에서 씨피티(CPT)는 여러 개의 국제운송이 사용되는, 즉 복합운송일 때 사용할 수 있다고 되어 있다. 예를 들어 섬나라인 영국에서 내륙국가인 오스트리아로 컨테이너 화물을 수출하는 경우를 보자. 영국에서 배로 화물을 운송한 후 독일 등에서 화물을 내려서 기차

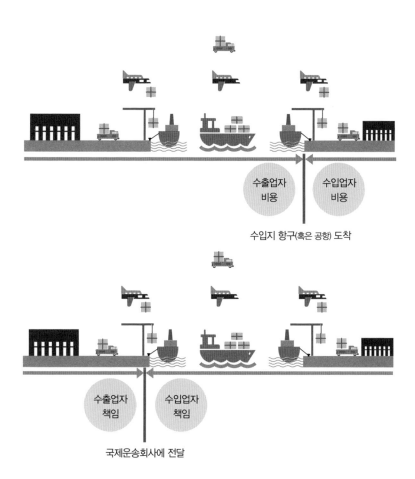

수출업자
비용

수입업자
비용

수입지 항구(혹은 공항) 도착

수출업자
책임

수입업자
책임

국제운송회사에 전달

▼ 씨피티(CPT) 선정시

	비용	책임 혹은 위험부담	수출신고/ 수입신고
수출 업자	지정된 목적지까지 **운송료**를 수 출업자가 부담한다.	국제운송회사에 화물을 넘겨주 는 것으로 수출업자의 **책임**은 끝난다.	수출신고를 한다.
수입 업자	지정된 목적지에 도착 이후 발 생하는 **모든 비용**을 수입업자가 부담한다.	화물이 국제운송회사에 넘겨진 이후 발생하는 **모든 책임**은 수 입업자가 부담한다.	수입신고를 한다.

등으로 오스트리아까지 두 개의 운송수단, 즉 복합운송으로 수출하게 된다. 이때 수출자가 오스트리아까지 복합운송료를 지불하는 경우 CPT AUSTRIA로 기재할 수 있다. 씨피티(CPT)와 유사하게 국제운송료를 수출업자가 지불하는 씨에프알(CFR)인 경우에는 해상운송이나 수로운송(강을 통한 운송)에 쓰일 수 있다고 인코텀즈에 정해져 있으므로, 이와 같이 배와 기차가 복합적으로 이용되는 경우에는 사용할 수 없다.

또한 씨에프알(CFR)은 배에 선적하는 것으로 수출업자의 책임이 끝난다. 컨테이너 화물은 운송회사가 지정한 씨와이(CY)에 화물을 입고시킴으로써 운송회사에 화물을 넘기게 되므로 씨에프알(CFR)은 쓸 수가 없다.

▼ 씨피티(CPT) 표기와 실무

- 표기: 표기는 CPT + 지정 목적지(+금액)으로 한다.
- 실무: CPT AUSTRIA TRAIN STATION USD100,000.00 혹은 CPT AUSTRIA TRAIN STATION 등으로 계약서에 기재한다.

* 수출업자가 국제운송료를 지불하는 경우 화물이 컨테이너라도 관행적으로 씨에프알(CFR)을 쓰고 있다.

운송비와 보험으로 끝나는 씨아이에프(CIF)

실무에서 에프오비(FOB)만큼 많이 쓰이는 조건이 씨아이에프(CIF)다. 씨아이에프(CIF)는 COST, INSURANCE AND FREIGHT의 줄임말로 'FOB+수입지 항구까지 선박운송료+적하보험'이라 할 수 있다. (적하보험은 배에 실린 화물의 사고로 인한 손해에 대비하기 위한 보험이다. 국내 여러 보험사나 외국 보험사를 통해 가입하면 된다.) 씨아이에프(CIF)를 우리말로는 운임보험료 포함 조건이라고도 한다.

참고로 사고발생시 수출업자가 가입한 적하보험에 대한 보험금은 수입업자가 받게 된다. 보험금을 수입업자가 받고, 수출업자는 단지 수입업자를 위해 대신 적하보험에 가입하는 것이다.

저렴한 보험료 때문에 수입업자가 보험가입을 요청하기도 한다. 한편 적하보험에 가입하기 위해서는 수출업자가 작성하는 몇 가지 서류가 필요한데, 수입업자가 이러한 서류를 받아서 적하보험에 가입하면 번거로운 점이 있어 수출업자에게 보험가입을 요청하기도 한다.

수출업자
비용+적하
보험

수입업자
비용

수입지 항구 도착

* 수출업자는 수입업자를 위해 적하보험에 가입한다. 보험가입시 보험료도 수출업자가 부담한다.

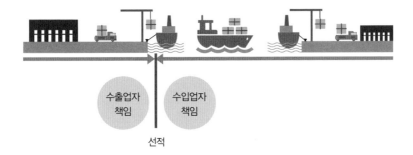

수출업자
책임

수입업자
책임

선적

* 에프오비(FOB)나 씨에프알(CFR)처럼 씨아이에프(CIF)도 화물이 배에 선적될 때 수출업자
의 책임은 끝난다.

▼ 씨아이에프(CIF) 선정시

	비용	책임 혹은 위험부담	수출신고/ 수입신고
수출 업자	수출업자는 지정된 목적지까지 **운송료**를 부담하고 적하보험에 가입해 **보험료**를 부담한다.	선박에 화물을 적재하는 것으로 수출업자의 **책임**은 끝난다.	수출신고를 한다.
수입 업자	지정된 목적지에 도착 이후 발 생하는 **모든 비용**을 수입업자가 부담한다.	화물이 선박에 적재된 이후 발 생하는 **모든 책임**은 수입업자가 부담한다.	수입신고를 한다.

▼ 씨아이에프(CIF) 표기와 실무

> • 표기: 표기는 CIF + 수입지 도착항(+금액)으로 한다.
> • 실무: CIF NAGOYA PORT USD100,000.00 혹은 CIF NAGOYA PORT 등으
> 로 계약서에 기재한다.
>
> 수출업자는 나고야항까지 운송료를 부담하고 적하보험에 가입한다. 하지만 수출
> 지에서 선박에 화물을 싣는 것으로 수출업자의 책임은 끝나게 된다.

선박에서 씨아이에프(CIF)는 항공에서 씨아이피(CIP)

씨아이피(CIP)는 수출업자가 수입지 항구나 공항까지 운송료를 지불하고 적하보험까지 가입하는 것으로, 씨아이에프(CIF)와 비슷하다. 하지만 인코텀즈에서 씨아이에프(CIF)는 바다나 강 등을 이용한 벌크화물 운송에 사용하도록 하고, 씨아이피(CIP)는 복합운송과 컨테이너 화물이나 항공운송 등에 사용하도록 하고 있다.

씨아이피(CIP)는 Carriage and Insurance Paid to의 약자로, 수출업자는 to 다음에 기재될 곳까지의 운송료(carriage)를 부담하고, 보험(Insurance)에 가입해 보험료를 지불하도록 하고 있다. 씨피티(CPT)와 마찬가지로 수출업자는 운송회사에 화물을 넘겨주는 것으로 수출업자의 책임은 끝나게 된다.

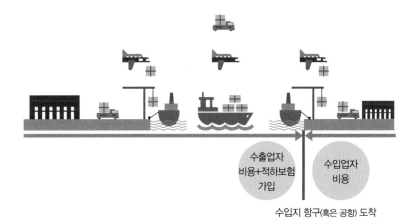

수출업자
비용+적하보험
가입

수입업자
비용

수입지 항구(혹은 공항) 도착

* 수출업자는 수입업자를 위해 적하보험에 가입한다. 보험가입시 보험료도 수출업자가 부담한다.

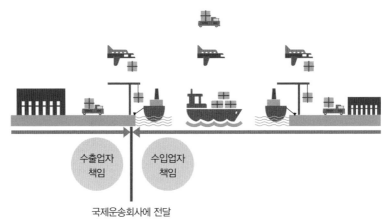

수출업자
책임

수입업자
책임

국제운송회사에 전달

* 수출업자는 운송회사에 화물을 전달하는 것으로 수출업자의 책임은 끝나게 된다.

▼ 씨아이피(CIP) 선정시

	비용	책임 혹은 위험부담	수출신고/수입신고
수출업자	수출업자는 지정된 목적지까지 **운송료**를 부담하고 적하보험에 가입해 **보험료**를 부담한다.	국제운송회사에 화물을 넘겨주는 것으로 수출업자의 **책임**은 끝난다.	수출신고를 한다.
수입업자	지정된 목적지에 도착한 이후 발생하는 **모든 비용**을 수입업자가 부담한다.	화물이 국제운송회사에 넘겨진 이후 발생하는 **모든 책임**은 수입업자가 부담한다.	수입신고를 한다.

▼ 씨아이피(CIP) 표기와 실무

- 표기: 표기는 CIP+지정목적지(+금액)으로 한다.
- 실무: CIP NAGOYA PORT USD100,000.00 혹은 CIP NAGOYA PORT 등으로 계약서에 기재한다.

수출업자는 지정 목적지인 나고야항까지 운송료를 부담하고 적하보험에 가입한다. 하지만 수출지에서 국제운송회사에 화물을 넘겨주는 것으로 수출업자의 책임은 끝나게 된다.

모든 비용은 수입업자가, 디디피(DDP)

인코텀즈에서 화물이 수출되어서 수입될 때까지 발생하는 모든 비용과 책임을 수입자가 부담하는 것이 엑스워크라면 그 반대로 수출자가 모든 비용을 부담하는 것은 디디피(DDP)이다.

디디피는 DDP를 의미하는 것으로 Delivered Duty Paid의 약자로 수입신고시 발생하는 관세까지도 수출자가 부담하는 조건이다. 이것은 수입에 익숙하지 않거나 구매하는 쪽이 어느 정도 우위에 있을 경우 등일 때 사용할 수 있는 조건이다.

수출자는 수출되어서 화물이 수입될 때 발생하는 모든 비용과 책임을 부담한다. 하지만 지정된 목적지에서 화물을 내리는 것은 수입자가 진행해야 한다.

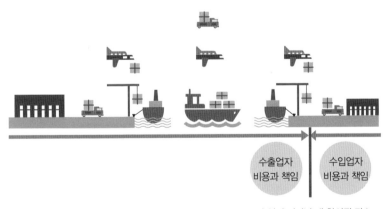

수출업자
비용과 책임

수입업자
비용과 책임

수입지 터미널 내 합의된 장소

* 합의된 장소에 도착한 화물을 내리는 비용과 책임은 수입업자의 몫이다.

▼ 디디피(DDP) 선정시

	비용	책임 혹은 위험부담	수출신고/ 수입신고
수출 업자	수출업자는 지정된 목적지까지 **비용**을 부담한다.	수출업자는 지정된 목적지까지 **책임**을 진다.	수출신고와 수입신고를 한다.
수입 업자	지정된 목적지에 도착한 화물 을 내릴 때부터 발생하는 **비용** 을 수입업자가 부담한다.	지정된 목적지에 도착한 화물 을 내릴 때부터 수입업자가 **책** **임**을 진다.	의무가 없다.

▼ 디디피(DDP) 표기와 실무

- 표기: 표기는 DDP+지정목적지(+금액)으로 한다.
- 실무: DDP SEGERYO'S WARESHOUSE IN KOREA

디디피(DDP)에서 관세만 뺀 것이 디에이피(DAP)

디에이피(DAP)는 Delivered At Place를 줄인 말이다. 디에이피는 디
디피와 동일하며, 단지 수입신고는 수입업자가 해야 한다는 차이만 있
을 뿐이다.

수입지 특정지역에 내리면 디피유(DPU)

디피유는(DPU)는 Delivered at Place Unloaded의 약자로, 수출업자는 화물을 배송해(Delivered) 수입자와 합의된 특정지역(at Place)에 화물을 내려놓음으로써(Unloaded) 수출자의 비용과 책임이 끝나게 된다. 앞서의 디에이피(DAP)에 화물을 내리는 비용과 책임까지 수출자가 부담하는 조건이다.

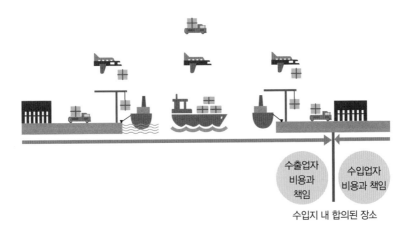

▼ 디피유(DPU) 선정 시

	비용	책임 혹은 위험부담	수출신고/ 수입신고
수출 업자	수출자는 지정된 수입지 목적지에 화물을 내릴 때까지 비용을 부담한다.	수출자는 지정된 수입지 목적지에 화물을 내릴 때까지 책임을 진다.	수출신고를 한다.
수입 업자	지정된 수입지 목적지에 화물이 내려진 이후 발생하는 모든 비용을 수입자가 부담한다.	지정된 수입지 목적지에 화물이 내려진 이후 발생하는 모든 책임을 수입자가 부담한다.	수입신고를 한다.

▼ 디피유(DPU)표기와 실무

> • 표기: 표기는 DPU + 수입지목적지(+금액)등으로 한다.
> • 실무: DPU BUSAN
>
> 수입자와 합의된 양하 즉.화물을 내려 놓을 장소는 DPU BUSAN처럼 간단히 적
> 거나 필요에 따라 자세한 장소를 적을 수도 있다.

씨아이피(CIP)와 씨아이에프(CIF)의 적하보험

인코텀즈는 10년에 한 번씩 그 내용이 바뀌는데, 올해 적용될 내용 중, 적하보험 관련 내용이 변경되었다. 개정 전 인코텀즈에서는 씨아이에프(CIF)나 씨아이피(CIP) 둘다 적하보험 담보조건을 최소로 하고 있었다(이를 ICC(C) 조건이라 한다). 이번에 개정된 내용에는 씨아이에프(CIF)는 최소담보(ICC(C))를, 씨아이피(CIP)는 담보조건을 최대담보(ICC(A))로 하고 있다.

수출입신고에 사용되는 에프오비(FOB)와 씨아이에프(CIF)

수출이나 수입물품의 세관 신고시 물품가격 신고시에는 인코텀즈가 사용된다. 즉, 세관에서는 수출시에는 에프오비(FOB)를, 수입시에는 씨아이에프(CIF) 기준의 금액을 신고하도록 하고 있다.

국가를 나가거나 들어오는 사람, 물건, 돈, 기타 모든 것은 국가의 검사를 받는다. 사람이 국가를 나가거나 들어올 때는 반드시 여권과 비자 등이 필요하고 출입국관리소에서 검사를 받는다. 물건도 사람이나 돈과 마찬가지로 왜 국가를 나가고 들어오는지에 대해 설명할 수 있는 자료를 세관에 제출해 심사를 받아야 한다. 이와 같은 세관의 물건 검사를 통관이라 하며, 무역을 하는 사람이라면 반드시 통관에 대해 잘 이해하고 있어야 한다. 3장에서는 통관이 무엇이고 어떤 과정을 거치며 어떤 서류가 필요한지에 대해 공부해보도록 하자.

통관을 모르면 앞으로 남고 뒤로 밑진다

수출입 제품의 검사인 통관, 모르면 모르는 만큼 손해다

무역실무에서 중요한 것은 운송, 결제 그리고 통관이다. 운송과 결제는 평소에도 이용하기 때문에 낯설지 않지만 통관은 생소한 분야라 무역초보자들에게 어렵다.

사람은 출입국 심사, 물건은 수출입 검사

전 세계의 국가는 나라로 들어오고 나가는 모든 것에 대해 왜 들어오고 나가는지 확인하고 검사한다. 이때 나라에 들어오고 나가는 것은 물건이 될 수도 있고, 사람이 될 수도 있으며, 돈이 될 수도 있다. 사람에 대한 검사는 출입국 심사이고, 물건에 대한 검사는 통관이다.

즉 수출입되는 제품은 항구나 공항에 들어오거나 나갈 때 반드시 정부기관의 검사를 거쳐야 한다. 사람이 나라를 나가거나 들어올 때 반드시 여권이 필요하고, 경우에 따라 비자가 필요한 것처럼 물건도 마찬가지다.

물건이 나가거나 들어올 때 반드시 필요한 서류가 있는데, 기본적으로 인보이스와 패킹이 있으며, 수입시에는 반드시 비엘(B/L)이나 에어웨이빌(AIRWAYBILL)이 필요하다.

통관, 모르면 앞으로 남고 뒤로 빠진다

세관의 수출입제품 검사인 수출입통관은 보통 수출업자 또는 수입업자가 제출하는 인보이스나 패킹 같은 서류 검사로 완료되지만, 경우에 따라서는 컨테이너를 열어서 실제품 검사를 하기도 한다. 그리고 수입제품의 경우 제품에 따라 세관에서 관세를 부과하는데, 여기서 처음 무역하는 사람들의 실수가 나타난다. 바로 단순히 수입제품의 판매가를 수입제품가격에 운송료 정도만 더해서 계산한다는 것이다.

수입시에는 관세가 부과될 수도 있다는 것을 놓치는 것이다. 즉 일반 수입제품의 경우 기본 관세율이 8%이고, 경우에 따라서는 더 낮춰질 수도 있다. 하지만 중요한 점은 기본 관세율보다 훨씬 높은 관세가 부과될 수도 있다는 것이다.

패트배너라는 것을 예로 들어보겠다. 패트배너는 패트병을 만드는 패트로 제조되는 것으로 주로 광고용으로 쓰인다. 이 패트배너의 중국수입시 관세율은 6.5%였다가 원산지증명서 제출시 관세율은 0%이다. 세금을 부과하기 위한 과세가격이 1천만 원이라고 한다면 관세는 0원이다.

문제는 그 다음이다. 중국에서 수입시에는 관세 외에 '덤핑방지관세'라는 것이 있다. '덤핑방지관세'는 부당하게 낮은 가격으로 수출된 제품으로 수입국 산업이 피해를 입었을 때 수입국에서 부당가격에 관세를 부과하는 것이다. 이 관세율이 23.61%이다. (하지만 덤핑방지 관세는 특정 시점에 계속 변동되고 있다.) 즉 총 관세율은 0%가 아니라 23.61%가 된다. 따라서 중국에서 수입되는 패트배너의 관세는 관세율 23.61%로 계산해보면 2,361,000원이다.

관세를 0원으로 계산했는데 갑자기 2,361,000원이 추가된 것이다. 물론 추가된 것은 아니고 이것은 수입업자가 미처 확인하지 못한 것으로, 약간의 주의만 기울인다면 충분히 방지할 수 있었을 것이다.

수입하는 제품의 관세가 어떻게 되는지 여러 기관을 통해 문의할 수 있는데, 그 첫 번째로 관세를 부과하는 정부기관인 세관에 문의하면 된다. 세관에 수입할 제품의 샘플을 보내서 관세를 확인하는 방법이다. 이 경우에는 가장 정확하게 관세를 확인할 수 있다는 장점이 있지만 시간이 오래 걸릴 수 있다는 단점이 있다.

두 번째 방법으로는 거래하는 관세사에게 문의하는 것이다. 관세사는 수입이나 수출, 통관 관련 전문가로 다양한 통관에 대한 정보를 가지고 있기에 정확한 관세 정보를 얻을 수 있다. 세관보다는 빨리 관세 정보를 알 수 있다는 장점이 있지만 세관보다는 신뢰도가 떨어지는 단점이 있다. 그러나 그 편의성 때문에 관세나 통관 관련 정보는 관세사를 통해 얻기도 한다.

보통 처음 무역을 하는 사람, 특히 수입하는 사람의 경우에는 단순히 해외에서 생산되는 제품의 저렴한 가격만으로 '싸다'고 느끼고 수입을 진행하기도 한다. 그러나 싼 가격에 제품이 수입되면 수입한 나라에서 생산되는 제품이 피해를 입게 된다. 싼 가격의 수입제품으로 인해 국내의 제품 판매가 줄어들 수 있기 때문이다. 이러한 상황에서 국가는 국내 산업을 외국에서 수입되는 각종 제품으로부터 보호하기 위해 여러 가지 수입장벽을 만드는데, 그 중 하나가 관세장벽이다. 관세장벽이란 수입되는 제품에 높은 관세를 부과하는 것이다. 높은 관세를 부과하면 수입제품의 판매가격이 올라 수입이 줄어든다. 즉 싼 가격의 수입제품을 관세로 높은 성벽처럼 막는다고 해서 붙여진 이름이다.

예를 들어 쌀의 경우를 살펴보자. 우리나라에서는 쌀을 1년에 한 번 수확하지만 동남아 등지에서는 1년에 여러 번 수확이 가능하다. 베트남은 3모작, 즉 1년에 세 번 수확해 쌀값이 많이 싼 편이다. 그러나 싸다고 해서 무턱대고 수입해서는 안 되고, 반드시 관세를 확인해야 한다. 베트남 쌀이 현지에서야 싸겠지만 수입시 우리나라 세관에서 부과하는 관세율은 500%가 넘기 때문이다.

현지에서 구매한 가격에 관세와 기타 비용, 마진까지 붙은 가격이 진정한 판매 가격임을 잊지 않도록 한다.

사람은 주민등록번호, 수출입제품은 HS코드

동사무소에서 특정서류를 발행하려면 반드시 주민등록번호가 있어야 한다. 그리고 운전면허시험에 합격하면 운전면허번호가 기재된 운전면허증이 발급된다. 또 회사를 개업하기 위해 세무서에 신고를 하면 사업자등록증이 나오며 사업자등록번호가 부여되는데, 세무서에서는 사업자등록번호로 회사를 관리한다.

이와 마찬가지로 세관에서도 수출이나 수입되는 모든 제품에 쌀, 자동차, 휴대폰 같은 이름이 아닌 숫자를 부여해 관리하는데, 이러한 번호를 HS코드(에이치에스코드)라 한다.

HS코드에서 HS는 Harmonized Commodity Description and Coding System의 약자로, 1988년 국제적으로 합의한(Harmonized) 품목 설명(Commodity Description)과 코드 체계(Coding System)를 말한다.

세관에서 수출입되는 제품을 분류해서 정리해놓지 않으면 관련 제품을 검사할 때마다 해당 제품에 대한 관세나 기타의 것을 찾느라 많은 시간을 소비할 것이다. 하지만 분류해놓으면 관련 내용을 찾기도 편할 것이다. 그러나 제품을 분류해놓은 것이 국가마다 다르다면 동일한 제품에 대해 관세를 비교하는 것이 어려울 것이다. 그래서 국제적으로 품목을 분류하는 방식을 통일한 것이 HS이고, HS에 따라 분류해 숫자를 붙인 것이 HS코드이며, 우리말로는 '세 번'이라고 한다.

HS코드는 최대 10자리까지 사용할 수 있고, 6자리는 국제 공통으로 사용하는 코드다. 그렇기 때문에 HS코드에서 6자리는 반드시 있어야 하고, 나머지 4자리는 각 국가의 기준에 따라 사용하면 된다. 우리나라는 10자리 모두를 다 사용하고, 독일은 8자리를 사용하며, 이러한 숫자로 품명을 표시한다.

예를 들어서 햇볕을 가릴 때 쓰는 양산의 HS코드는 6601.99-2000이다.

66 : 우산, 지팡이에 대한 분류 코드

6601 : 지팡이 겸용 우산류에 대한 분류 코드

6601.99 : 기타에 대한 분류 코드

6601.99-2000 : 양산에 대한 분류 코드

세관에서는 HS코드별로 관세 등 통관과 관련된 각종 정보를 기재해놓았다. 예를 들어 양산에 대한 관세가 궁금하면 세관이나 관세사에게 HS코드를 알려주고 문의하면 된다.

동영상으로 명쾌하게 이해한다

HS코드에 대해 알아보자

제품의 HS코드 확인 방법

모든 관세나 기타 무역 관련 내용은 이 HS코드를 기준으로 정리되어 있고, 세관은 이 HS코드를 보고 관세를 부과하기 때문에 HS코드는 아주 중요하다.

제품의 HS코드가 무엇이냐에 따라 혹은 HS코드로 무엇을 선택하느냐에 따라 관세가 달라지니 주의하도록 한다. 예를 들어 사과의 경우 신선한 사과는 0808.10-0000이라는 HS코드를 쓰고 있으며, 2018년을 기준으로 한미FTA 협정세율은 29.2%이다. 반면 건조한 사과는 0813.30-0000을 쓰고 있는데, 2018년 한미FTA 협정세율, 즉 한국과 미국이 합의한 건조 사과에 대한 관세율은 13.5%이다.

같은 사과라 하더라도 HS코드를 어떤 것으로 쓰느냐에 따라 관세가 달라지기도 하며, 관세가 전혀 없기도 하다. 일부 개인이나 회사의 경우, 자기 편리한대로 혹은 자신에게 유리한 HS코드를 쓰는 경우도 있다. 그러나 관세당국은 그리 호락호락하지 않아 정확한 HS코드를 통해 관세를 추징하기도 하니 반드시 정확한 번호를 쓰도록 하자.

다음은 HS코드를 확인하는 방법이다.

- **관세청에 문의한다**: 관세청 산하 관세평가분류원에 수출입 예정인 제품의 샘플 등을 보내 정확한 품목분류 및 HS코드를 분류받는다. 기타 자세한 사항은 '관세평가분류원'을 검색해 문의하도록 한다.
- **거래 관세사에 문의한다**: 거래 관세사에 관련 제품을 문의해 HS코드

등을 확인한다. 하지만 가장 정확한 방법은 관세평가분류원을 통해 확인받는 것이다.

자가 통관과 관세사 통관, 정식 통관과 간이 통관

통관은 세관의 제품 검사로 수출 통관과 수입 통관이 있다. 수출 통관은 제품을 수출할 때 제품 검사를 받는 것으로, 수출업자가 수출 관련 서류를 세관에 제출해 수출신고하는 것으로 시작된다. 수출신고할 때 필수 서류로 인보이스와 패킹이 있다. 수출 통관 후 바로 배나 비행기에 실어야 하는 것은 아니고, 약 30일 내에만 선적하면 되며 연장도 가능하다.

수입 통관도 수출 통관과 마찬가지로 수입업자의 수입신고를 통해 진행된다. 이때 제출하는 서류로는 인보이스, 패킹 그리고 운송장인 비엘 혹은 에어웨이빌 등이 있다.

수출입 통관은 관세사라는 통관 전문회사를 통해 진행하기도 하는데, 이는 저렴한 비용으로 쉽게 통관 진행을 마칠 수 있기 때문이다. 하지만 관세사를 통하지 않고 회사 자체적으로 통관을 진행하기도 하는데, 관세사를 통해서 하는 통관을 '관세사 통관'이라고 하고, 자체적으로 통관을 진행하는 것을 '자가 통관'이라고 한다.

관세사를 통하든 직접 하든 인보이스, 패킹 그리고 비엘 등을 제출해 신고하는 것이 '정식 통관'이다. 하지만 통관이 간단하게 진행되는 경우도 있는데 이것을 '간이 통관'이라고 한다.

간이 통관은 간단하고(簡, 간략할 간) 쉽게(易, 쉬울 이) 하는 통관을 말하는 것으로, 물품이 사고파는 용도가 아닐 때 간단하게 진행되는 통관을 말한다. 간이 통관이 되는 경우는 휴대품, 탁송품, 별송품 등 여러 가지인데, 물품을 판매용이 아닌 개인적으로 사용하기 위해 구입할 때 진행된다.

일반적으로 통관이라고 하면 인보이스와 패킹 등을 제출해 수출이

휴대품, 탁송품, 별송품의 의미
- 휴대품: 비행기 등을 탄 승객이 기내에 휴대하고 들어오는 물건을 말한다.
- 탁송품: 국제택배인 쿠리어 등을 통해 보내는 물건을 말한다.
- 별송품: 예를 들어 외국에서 살다가 한국으로 귀국하는 경우, 이삿짐을 한국으로 보내게 되는데, 이때 따로 보낸 이삿짐을 별송품이라 한다.

쿠리어가 진행하는 목록 통관
쿠리어는 국제택배업체로 직구나 배대지(배송대행지)를 통해 많이 이용하는 운송수단이다. 정식 통관이나 간이 통관이 필요한 물품의 소유자는 관세사를 통하거나 아니면 비행기 안에서 여행자 휴대품 신고서 같은 간이 신고서를 제출해 물품에 대한 신고를 해야 한다. 하지만 목록 통관의 경우 쿠리어가 목록을 제출하는 것으로 신고가 된다. 다시 말해 쿠리어는 배송하는 물품의 리스트, 즉 목록을 세관에 제출해 신고하는데 이러한 통관을 목록통관이라고 한다.

나 수입신고하는 것을 말하지만, 무역을 하는 사람이 아닌 일반인이 이러한 수출입신고를 하기에는 많은 어려움이 따른다. 그래서 간단하게 수출입신고를 할 수 있게 하는 것이 간이 신고이고, 간이 신고를 통해 진행되는 것이 간이 통관이다.

예를 들어 해외에 나갔다 들어오는 경우 비행기 안에서 승무원이 작성하라고 나눠주는 종이가 있는데 이것이 바로 '여행자 휴대품 신고서'다. 여기에 술은 몇 병 샀고 담배는 몇 갑을 샀으며 그외 물건은 무엇을 샀고 금액은 얼마인지 작성하게 된다. 그리고 이 여행자 휴대품 신고서를 제출하는 것으로 간단히 수입신고, 즉 간이신고가 된다.

수출할 때 꼭 거치는 과정인 수출 통관에 대해 알아보자

우리나라를 나가는 모든 제품은 국가의 제품 검사를 받는데, 이러한 검사 과정을 수출 통관이라 한다.

수출 통관에 필요한 것

수출 통관은 세관에서 진행하는 수출제품에 대한 검사로 기본적으로 수출업자의 수출신고로 진행된다. 수출회사가 직접 수출신고를 하지 않고 관세사를 통해서 하는 경우, 수출업자는 관세사에게 인보이스, 패킹 같은 기본 서류를 메일 등으로 보내서 수출신고를 진행한다.

관세사는 수출업자로부터 메일로 받은 서류를 세관에 제출하며, 세관의 통관이 완료되면 수출신고필증이 발행된다. 참고로 수출신고필증은 수출자가 관세청 홈페이지에 있는 유니패스라는 사이트에서 출력이 가능하다.

수출 통관 과정

수출 통관은 반드시 화물이 항구나 공항에 도착하기 전에 완료해야 한다. 인보이스 등의 서류를 세관에 제출해 수출신고를 하면 세관에서 서류를 검토하는 것으로 통관을 완료한다. 그리고 통관이 완료되면 세관은 수출신고가 완료(畢, 마칠 필)되었음을 증명하는(證, 증거 증) 수출신고필증을 발행한다.

▼ 수출 통관이 진행되는 과정

포장완료

서류작성: 수출신고에 필요한 기본적인 인보이스와 패킹을 작성한다. 수출신고에 필요한 기타 서류가 있으면 준비한다.

서류송부: 관련 서류를 관세사에게 메일 등으로 보낸다. 비용 관련 세금계산서 발행 등을 위해 관세사에서 사업자등록증을 요청하기도 한다.

수출신고: 관세사는 받은 서류를 세관에 온라인으로 수출신고를 한다.

서류검토: 세관에서는 제출된 서류를 검토해 수출검사를 한다. 보통 수출 통관은 서류 검토로 완료된다.

수출신고필증 발행: 수출 통관이 완료되면 세관에서는 수출신고필증을 발행한다.

수출할 때도 조건이 있다, 수출 요건에 대해 알아보자

우리나라는 수출을 통해서 경제를 부흥시키는 국가로 수출기업에 많은 혜택을 주기 위해 노력하고 있다. 하지만 경우에 따라서는 수출시 조건을 두거나 금지시키기도 한다.

이렇게 수출시 조건을 두는 것을 수출 요건이라고 한다. 수출을 금지시키는 경우에는 아예 수출 자체가 안 되는 것을 말하며, 수출 요건이 있는 경우 수출 요건만 맞으면 수출이 가능한 조건부 수출이다.

수출 요건을 확인하기 위해서는 거래하는 관세사에게 문의하거나 관세청에 문의하면 된다.

수입제품의 검사과정인 수입 통관에 대해 알아보자

모든 수출제품이 수출시 세관에서 제품 검사를 받듯이 수입시에도 수입제품은 세관에서 제품 검사를 받는다.

수입 통관 과정은 어떻게 되나?

수입 통관은 수출 통관과 마찬가지로 수입업자의 수입제품 관련 서류를 세관에 제출해 수입신고를 한다. 세관에서는 이 서류를 검토하며, 제품의 HS코드를 바탕으로 관세를 부과하기도 하고, 경우에 따라서는 수입 제한이나 금지를 하기도 한다. 또한 세관에서는 '어느 나라에서 들어오느냐' 혹은 '어떤 제품을 수입하느냐'에 따라 혹은 무작위로 컨테이너를 선정해 서류 검사 외에 실물을 확인하기도 한다.

이러한 수입 통관의 일반적인 과정은 다음과 같다.

▼ 수입 통관이 진행되는 과정

수입 통관 서류인수: 제품 선적이 완료되면 수출업자는 수입업자에게 인보이스, 패킹 등의 서류를 보낸다. 수입업자는 이러한 서류 외에 씨오(C/O), 즉 원산지증명서를 수출업자로부터 받기도 하는데, 원산지증명서는 보통 관세를 낮추기 위해서 받는다. 화물을 운송하는 국제운송사는 수입업자에게 에이엔(A/N), 즉 도착통지서를 보내서 화물이 언제쯤 도착할지에 대해 문서로 통지한다.

운송사에게 송부: 수입업자가 수입지에 도착한 화물을 인수하기 위해서는 관세사를 통해 통관을 하고, 세관에 관세를 납부해야 한다. 만약 화물을 창고까지 운송할 운송편이 없으면 국내운송업체를 통해 내륙운송을 진행한다. 이때 수입업자는 통관을 위해 관세사를, 내륙운송을 위해 내륙운송사를 개별적으로 컨택하지 않고 국제운송인 포워더에게 업무를 일임해 한번에 업무가 진행될 수 있도록 한다. 이때 포워더는 내륙운송비와 통관비 등이 포함된 수입비용 내역인 '수입 통관예상자금'을 수입업자에게 발행한다.

수입 통관 예상비용
인수 및 송금: 수입업자가 포워더에게 인보이스, 패킹 등을 보내면, 포워더는 거래 관세사를 통해 통관을 진행하게 하고, 수입업자의 창고까지 화물을 운송할 운송편을 찾아서 입고 일정을 수입업자와 조율한다. 그리고 수입화물 인수 관련 모든 비용을 수입 통관예상자금이라는 서류로 만들어서 수입업자에게 송부하며, 수입업자는 그 비용을 포워더에게 송부해 통관이 진행되도록 한다.

수입신고 및 수입신고필증: 관세사는 수입신고를 하고 관세 등의 비용을 납부해야 통관이 완료된다. 통관이 완료되면 수입신고필증이 발행된다.

수입제품 운송 및 인수: 통관이 완료되면 미리 예약해놓은 트럭에 화물을 적재한 후 창고까지 화물을 운송해 화물을 인수하도록 한다.

통관 전 받게 되는 통관예상자금 내역서를 읽어보자

항구나 공항에 도착한 화물을 찾기 위해서는 운송료를 포함한 각종 비용을 지불해야 한다. 또한 제품에 따라 관세도 납부해야 한다.

보통 관세는 수입신고 후 세관에서 부과하는 것으로 관세 등의 세금을 납부해야 통관이 완료된다. 이 경우 수입 통관 전에 포워더나 관세사가 관세를 포함한 통관에 필요한 비용을 대략적으로 작성해 수입업자에게 서류로 보내주는데, 이것을 '통관예상 내역서' 혹은 '통관자금 내역서'라고 한다. 통관이 완료된 후, 포워더나 관세사는 실제로 사용된 금액과 입금받은 금액을 정리한 정산서를 발행해 수입업자에게 전달한다.

다음은 선박운송으로 수입한 화물에 대한 통관자금 내역서 샘플이니 업무에 잘 활용하도록 하자. 참고로 '통관예상자금내역'에 나와 있는 금액 및 항목은 학습을 위해 필자가 임의로 작성한 것이니 정확한 내역은 거래 운송사에 확인하도록 한다.

MIRAE AIR & SEA

111, CHUNG-GU, INCHON
TEL: 032-111-1111　FAX: 032-111-1112　MAIL: sales@mirae.xxx　　www.mirae.xxx

수신 : ㈜세계로

작성일자 : 2019년 10월 12일

통관예상자금 내역

B/L번호 : ABC23R9303

단위: 원

내역	금액	부가세	내역	금액	부가세
① O/F	1,345,384		⑫ 관세	1,534,550	
② CAF			⑬ 부가세	4,345,530	
③ ECRS	56,011		⑭ 통관수수료	66,000	6,600
④ THC	115,000				
⑤ WFG	4,200				
⑥ DOC	30,000				
⑦ BAF	168,033				
⑧ 내륙운송료	660,000	66,000			
⑨ CLEANING	20,000				
⑩ HANDLING	25,000	2,500			
⑪ D/O	54,250	5,425			
합계					

⑮ 입금요청액 : 8,504,483원

<설명>

통관예상자금 내역서는 MIRAE AIR&SEA라는 포워더가 작성한 것
임을 알 수 있다.

① **O/F:** Ocean Freight의 약자로 선박운송료를 말한다.

② **CAF:** Currency Adjustment Factory의 약자로 우리말로는 통화
할증료라고 한다. 운임 외 추가되는 추가 비용이라 할 수 있다. 환
율차로 생기는 손해를 보전하기 위한 비용이다. 실무에서는 카프
(CAF)라고 한다.

③ **ECRS:** Emergency Cost Recovery Surcharge의 약자로 우리말
로는 긴급비용보전 할증료라 한다. 운임 외 추가로 운송사에서 부
과하는 비용이다. 실무에서는 이씨알에스(ECRS)라고 한다.

④ **THC:** Terminal Handling Charge의 약자로 터미널(Terminal)은
화물을 배에서 내려서 화물을 모아두는 장소를 말하며, 이때 터미
널에서 화물을 옮기는 등의 취급 비용을 말한다. 실무에서는 티에
이치씨(THC)라고 한다.

⑤ **WFG:** WharFaGe를 말하는 것으로 우리말로는 부두 사용료라고
한다. 부두는 차로 치면 주차장으로, 배가 정박하는 곳이다. 참고로
부두 사용료에는 선박입출항료, 접안료, 정박료 등이 포함되어 있
다. 실무에서는 워피지(WFG)라고도 한다.

⑥ **DOC:** DOCUMENT CHARGE를 말하는 것으로 비엘 발행비용이
다. 다큐먼트 차지(DOCUMENTS CHARGE)라고도 한다.

⑦ **BAF:** Bunker Adjustment Factor의 약자로 우리말로는 유가할증

146

료다. 유가변동에 따른 손해를 보전하기 위한 것이다. 카프와 같은 운임 외 추가되는 비용이다. 실무에서는 바프(BAF)라고 한다.

⑧ **내륙운송료:** 항구에서 창고까지의 화물 운송료를 말한다.

⑨ **CLEANING:** CCC를 뜻하는데, CCC는 Container Cleaning Charge를 말하는 것으로 컨테이너 청소비다.

⑩ **HANDLING:** HANDLING CHARGE를 말하는 것으로 포워더 수수료다.

⑪ **D/O:** Delivery Order Charge를 말하며, 여기서 Delivery Order 를 화물인도 지시서라고도 한다. 즉 디오(D/O)는 화물인도지시서 발행비를 말한다. 배에서 내린 화물은 부두의 일정한 장소에 보관되는데, 이 보관 장소 관리자는 수입업자가 아닌 운송회사의 의뢰를 받고 화물을 보관한다. 그러므로 수입업자가 화물을 반출하기 위해서는 운송회사의 허가증이 반드시 있어야 하는데, 이것이 디오이고, 디오 발행비가 D/O CHARGE다.

⑫ **관세:** 세관에서 부과하는 수입화물에 대한 세금이다.

⑬ **부가세:** 모든 물건에는 부가세가 붙고, 수입화물에도 마찬가지로 부가세가 붙는다.

⑭ **통관수수료:** 관세사가 통관을 진행하는 경우 통관수수료가 발생한다.

⑮ **입금요청액:** ①번부터 ⑭번까지의 비용이 모두 수입화물을 인수하기 위해 드는 비용으로, 이 모든 비용을 합한 것이 '입금요청액'이다. 수입업자는 포워더에게 그 금액을 송금하면 된다. 서류에는 빠져있지만 송금용 계좌번호도 함께 기재되어 있다.

관세율, 과세가격, 고시환율에 대해 알아보고 계산해보자

관세라는 것은 세관에서 부과하는 세금으로 특별한 경우가 아니면 수입시에만 부과되는 세금이다. 관세에는 대표적으로 기본세율이 있다. 기본세율은 말 그대로 기본적으로 붙는 세율이고, 기본세율을 기준으로 관세율이 줄거나 추가되기도 한다.

예를 들어 명함 등의 수명연장을 위해 사용되는 코팅필름의 경우 HS코드가 3919.90-0000인데 기본세율은 8%이다. 하지만 중국에서 수입하는 코팅필름의 경우에는 FTA에 의해 해마다 관세율이 인하되고 있다. 2015년에는 중국에서 수입하는 코팅필름의 관세율이 5.2%였지만 2019년에는 관세율이 0%가 되었다.

하지만 이러한 관세인하는 중국과의 협정에 의한 것이고, 다른 나라에서 수입되는 코팅필름은 관세율이 다르게 적용된다. 즉 수입되는 제품이 중국산이라야 관세인하가 되는 것이다. 이런 이유 때문에 관세혜택을 받기 위해서는 중국산임을 증명해야 한다. 바로 이때 필요한 것이 원산지증명서 혹은 씨오(C/O)다.

씨오(C/O)가 있으면 2018년에는 1.3%이던 관세가 2019년에 관세가 0%로 되었다. 이렇게 되면 저렴한 중국산 코팅필름이 국내시장을 빠르게 차지할 것이다. 이와 같은 상황에 대비해 안전장치로 만들어 놓은 것이 덤핑방지 관세이다. 광고용으로 쓰이는 패트배너는 코팅필름과 마찬가지로 한중 FTA관세는 0%인데, 덤핑방지 관세라는 것이 23.61% 부과된다. 즉 중국과의 협의에 의해 관세율이 0%가 된다고 하

148

더라도 23.61%의 관세가 아직 부과되는 것이다.

이와 같이 수입시에는 다양한 관세가 있다. 그러므로 관세사와 잘 협의해 앞으로 남고 뒤로 빠지는 곤란함이 없도록 한다.

- **관세율:** 관세는 관세율로 계산된다. 관세율은 관세비율이 몇 퍼센트 라는 말로 '어떤 것의 몇 퍼센트'가 관세율이다.
- **과세가격:** 관세율은 '어떤 것의 몇 퍼센트'라고 했는데, 여기서 '어떤 것'은 관세라는 세금을 부과하기 위한 가격이다. 이 가격을 무역에서 는 과세가격이라고 한다. 관세는 관세율로 계산이 되며, 관세율은 '과 세가격의 몇 퍼센트'라는 말이다. 예를 들어 관세율이 8%라 하면 과 세가격의 8%라는 말로, 과세가격이 100만 원이라면 관세는 8%인 8만 원이 된다. 과세가격은 수입물품대금에서 수입운송료와 보험료가 합 쳐진 가격으로 계산되는데, 이를 CIF가격이라 한다.
- **고시환율:** 관세 등 우리나라에서 부과되는 모든 세금은 우리나라 돈 으로 계산이 된다. 하지만 해외에서 수입되는 물품의 경우 외화로 구 매가 되기에 세금을 부과하기 위해서는 우리나라 돈으로 바꿔야 한 다. 외화를 우리나라 돈으로 바꾸기 위해 참고할 만한 환율을 세관에 서는 홈페이지 등을 통해 알리는데(고시하는데), 이러한 환율을 고시 환율이라 하며 다음과 같이 확인할 수 있다.

① 관세청 홈페이지(customs.go.kr) 오른쪽 중간의 '관세 환율정보' 에서 환율을 확인한다. 각종 나라별 통화에 대한 환율을 확인할

수 있고, 수출이나 수입에 따라 환율이 다름을 확인할 수 있다.

② 환율은 주 단위로 고시되는데, 이전 환율을 확인하고 싶다면 수입 옆의 +을 클릭하도록 한다.

관세 환율정보	원유평균 수입가격	
국가(통화)	수출	수입 +
미국(USD)	1152	1174.48
일본(JPY)	10.6636	10.8724
유럽(EUR)	1301.85	1327.96
중국(CNY)	167.79	171.17

③ '기준일자'에서 원하는 날짜를 선택한 후 환율구분에서 수출인지 수입인지 선택한다. '조회' 버튼을 클릭하면 아래에 각 나라의 통화에 대한 환율이 나온다. 달러는 표 57번에서 확인할 수 있다.

이제 실제로 관세를 계산해보자. 관세율이 8%이고 물품대가 10,000 달러, 운송료가 2,000달러이며, 보험은 가입하지 않았고, 고시환율이 1,120원인 경우 관세 계산은 다음과 같다.

과세가격×관세율
=(물품대 10,000달러+운송료 2,000달러)×고시환율 1,120×관세율 8%
=관세 1,075,200원

통관에는 정식 통관, 간이 통관, 목록 통관이 있다

수출과 수입은 무역을 전문으로 하는 사람이 주로 할 것 같지만 실제로는 나도 모르게 수입과 수출을 경험하기도 한다. 예를 들어 해외에 나가서 개인적으로 쓸 지갑을 구입한 경우, 본인은 해외에서 물건을 샀다고 생각하겠지만 이건 수입이다. 또한 해외의 쇼핑몰에서 괜찮은 제품을 보고 신용카드로 결제를 하고 직접 물건을 사는 경우(직구) 또한 수입이다.

우리나라 세관은 우리나라를 들어오고 나가는 모든 제품에 대해 검사를 한다. 이러한 검사는 수출업자 혹은 수입업자의 신고로 시작된다. 이것이 바로 통관인데 크게 3가지 종류가 있다.

첫째, 정식 통관이다. 일반적으로 수출신고는 수출업자가 인보이스, 패킹을 제출해 신고하고 수입신고시에는 인보이스, 패킹, 비엘(혹은 에어웨이빌)을 제출해 신고한다. 이것을 다른 통관과 구별해 정식 통관이라 한다. 통관이 완료되면 세관에서는 수출신고필증 혹은 수입신고 필증을 발급한다.

둘째, 간이 통관이다. 해외로 여행을 갔다가 기념품을 산 일반인인 경우에는 인보이스, 패킹이라는 말조차도 모를 뿐더러 수출 혹은 수입신고 자체도 생소할 수 있다. 이러한 일반인을 위해 간단하게 작성해 신고할 수 있게 하고 있다.

대표적인 예가 '여행자 휴대품신고서'다. 여행자 휴대품 신고서는 비행기 안에서 승무원들이 입국시 나눠주는 것으로 구매한 내역을 기재해 입국시 제출하면 된다. 간이 통관이 되는 물품은 정해져 있는데, 관세청 홈페이지 상단의 '관세행정안내'에서 '개인용품'을 클릭한 후 '간이통관절차'에서 확인하도록 한다.

셋째, 목록 통관이다. 특송, 즉 국제택배업체인 DHL이나 FEDEX 등을 통해 들어오는 물품이 주 대상으로 보내는 사람의 이름, 연락처, 물품명 목록을 특송에서 작성해 세관에 제출하는 것으로 통관이 진행된다. 즉 정식 통관이나 간이 통관처럼 수입업자가 무언가를 작성할 필요 없이 물품에 붙어있는 송장 내용을 목록으로 만들어 제출하는 것이다.

목록 통관은 과세가격이 미국 돈 150달러 이하 혹은 미국으로부터 들어오는 경우 200달러 이하일 경우에만 목록 통관이 진행된다.

통관목록

제출일자: _____ 제출일련번호: _____

1. 특송업체명 | 2. 선박편명(항공편명) | 3. 적출국(항) (Port of loading) | 4. Master B/L No. | 5. 입항일자 (Date of arrival) ___ / ___ / ___

6. House B/L No	7. 송하인 성명 (Shipper Name)	8. 송하인 주소 (Address)	12. 품명 (Description)	14. 포장갯수 (carton)	16. 중량 (kgs)	18. 발송국 (Origin)	20. 거래코드 (A:전자상거래, D:개인일반, E:상용견품, F:상업서류)	23. 화물운송 주선업자부호
	28. 송하인 전화번호 (Phone No.)	11. 수하인주소 (Address)	13. 규격 (standards)	15. 수량 (piece)	17. 물품가격 (US$)	19. 용도구분 (1:개인, 2:회사)	21. 전자상거래 사이트 주소	
	9. 수하인 성명 (Consignee Name)	25. 수하인 우편번호 (Zip Code)		26. HS (2단위) (HS Code)		27. 통관고유부호 등	22. 전자상거래 업체 신고 (인증)번호	24. 세관기재란
	10. 수하인 전화번호 (Phone No.)							

사진은 목록 통관시, 특송에서 작성하는 서류의 모음이다.

세금을 면제해주는 면세와 세금이 없는 영세

면세는 세금을 면제해준다는 것으로, 관세와 관련된 말이다. 일반적으로 수입시에는 관세라는 세금이 부과되지만 특별한 경우에는 관세를 부과하지 않는다(면세).

면세의 대표적인 경우로 수출한 제품이 수리를 위해 국내로 들어오는 경우다. 이때 해외의 제품을 돈을 주고 사오는 것이 아닌 내가 판매한 제품을 수리를 위해 들여오기 때문에 상식적으로 관세가 붙는 것도 이상하고, 국가에서도 그러한 점을 감안해 관세를 면제해주는 것이다. 관세가 면제되는 면세의 경우, 기업이 수리 등을 위해 들여오는 것 외에 개인도 일정 한도 안에서 면세가 된다.

수리를 위해 수입된 제품이 수출되어서 나가는 과정 및 면세의 예

수제 자동차를 수출하는 A사는 미국의 B사로부터 수출한 자동차 3대에 대한 수리 의뢰를 받는다. A사는 무상으로 수리해주기로 하고 수입하기로 한다. 관세사와 협의한 결과, 수입시 면세가 되기 위해서는 세관에 사유서를 제출해야 하며 담보금을 내야 한다고 한다. 사유서에는 왜 이 자동차가 국내로 들어오는지에 대한 내용과 수리를 완료해서 언제쯤 다시 해외로 보낼지에 대한 대략적인 날짜와 업체의 명판 및 도장 등을 찍으면 된다고 한다. 관세사를 통해 사유서를 제출해 수입신고를 하고 담보금을 납부한 후 A사는 차량을 인수해 수리를 완료한다.

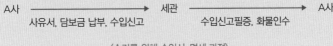

〈수리를 위해 수입시, 면세 과정〉

수리가 완료되면 사유서 등을 작성해 수출신고를 해서 수출을 진행하면 된다. 그리고 수입시 납부했던 담보금은 일정기간 후 회사 통장으로 입금된다.

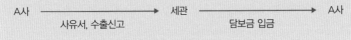

〈수리 완료 후 재수출 과정〉

영세는 세금이 없다는 말이다. 영세는 면세와 비슷하지만 면세는 관세가, 영세는 부가세가 면제되는 것으로 이해하면 되겠다.

부가세라는 것은 국내에 유통되는 대부분의 물품에 붙는 10%의 세금을 말하는데, 수출을 위해 구매한 제품인 경우에는 부가세율이 0이

되는 영(0)세율이 적용된다. 즉 계산서 발급시 부가세 부분은 0으로 찍히는 계산서가 발행되는데, 이것이 영세율 세금계산서다. 계산서는 판매자가 발행하는 것으로 부가세 10%를 부과해 발행하지만, 수출인 경우에는 부가세를 0원으로 발행할 수 있다.

영세율 계산서는 마음대로 발행하는 것이 아닌 수출용으로 판매되는 것이라는 증빙이 있어야 발행할 수 있다. 이러한 증빙 서류에는 구매확인서라는 것이 있다. 판매자는 구매확인서를 받고 영세율 세금계산서를 발행해야 하며, 구매확인서는 나중에 영세율 세금계산서 발행의 증빙자료로 활용된다. 구매확인서는 온라인에서 발행할 수 있다. 발행 사이트는 '구매확인서 통합정보서비스'다.

구매확인서 발행 예
자켓을 만들어 수출하는 A사는 자켓에 달 단추를 국내의 B사로부터 구매했다. A사는 영세율 세금계산서를 발행받기 위해 온라인에서 구매확인서를 발행해 단추회사인 B사에 송부했고, B사는 구매확인서를 받아 영세율 세금계산서를 발행해 A사에게 송부했다.

국가에서는 관세도 돌려준다, 개별환급과 간이정액환급

환급이라는 것은 돌려준다는 것으로, 수출을 촉진하기 위한 국가 정책 중 수입시 납부한 관세를 돌려주는 제도인 관세환급이 있다. 관세

환급은 다시 개별환급과 간이정액환급으로 나눌 수 있다.

개별환급에서 개별은 각각, 즉 건별로 환급을 해주는 것을 말한다. 관세를 납부하고 제품을 수입했는데, 이 제품이 수출용 제품의 부품 등으로 이용된 경우 수출용으로 사용된 만큼의 관세를 돌려주는 제도를 말한다. 개별 환급시 소요량이라 해서 수입된 물품이 수출제품에 어느 정도 사용되었는지에 대한 서류 등을 세관에 제출해 환급받을 수 있다.

개별환급의 예
전자제품을 수출하는 A사는 일부 부품을 해외에서 수입한다. 최근에도 부품 100개를 수입하고, 500만 원의 수입 관세를 납부했다. 그 중 80개의 수입부품을 사용해 수출제품을 생산해서 수출했고, 80개 부품에 대한 관세 400만 원을 환급받았다.

간이정액환급이란 간단하고(簡, 간략할 간) 쉽게(易, 쉬울 이) 정해진(定, 정할 정) 금액(額, 이마 액)을 돌려받는 것을 말한다. 개별환급의 경우 수입제품을 실제로 사용한 만큼 환급받을 수 있다는 장점이 있는 반면에 소요량 등의 서류 작성이 까다롭다는 단점이 있다. 이에 반해 간이정액환급의 경우 '수출금액 1만 원당 얼마' 이렇게 환급받을 수 있다.

예를 들어 수출액이 500만 원이고 환급액이 1만 원당 30원이면 환급액은 1만 5천 원이 된다. 보통 간이정액환급의 경우 여러 건을 모아서 청구하기도 한다.

간이정액환급은 일정자격이 되고 간이정액환급 대상이 되어야 환급이 가능하다. 그러므로 세관 등에 관련 내용을 꼭 문의하도록 한다.

간이정액환급률표로 대상물품 및 환급액을 알아보자

간이정액환급액은 간이정액환급률표로 확인할 수 있다. 간이정액환급률표는 법령에서 확인할 수 있는데, 국가법령정보센터(law. go.kr)에서 찾을 수 있다.

① 국가법령정보센터 홈페이지 검색창에서 '간이정액'을 입력하고 검색한다.

② 상단메뉴 중 '행정규칙'을 클릭하면 아래에 '간이정액환급률표'가 나옴을 알 수 있는데, 이 중 '별표/서식'에서 간이정액환급률표를 확인할 수 있다.

수출입 통관 후 발행되는
'수출입신고필증'을 알아보자

세관에서도 증명서를 발행하는데, 그 중 하나가 수출입신고필증이다. 수출입신고필증에는
수출입제품과 관련된 다양한 정보가 기재된다.

수출입신고가 완료되었음을 증명하는 수출입신고필증

제품이 수출되어서 수입될 때 다양한 과정을 거치게 되는데, 매과정
마다 이것이 진행되었다는 확인서 혹은 증명서가 발행된다. 예를 들
어 수출입계약시에는 계약서를 발행하고 수출입 양쪽의 사인으로 계
약이 되었음을 증명한다. 또한 계약서 대신 약식으로 발주서를 통해
제품이 발주되었음을 증명하기도 한다.

그리고 수입시 은행을 통해서 수입물품대금을 송금하면 은행에서
는 수입업자에게 송금액이 잘 송금되었다는 의미로 remittance details
라는 것을 발행해 수입업자에게 통지한다. 그리고 수출업자가 수출한

후 인보이스를 수입업자에게 보내서 수출 수량 및 금액을 통지하기도 한다.

세관에서도 증명서를 발행하는데, 그 중 하나가 '수출입신고필증' 이다(수출신고필증과 수입신고필증을 합쳐 수출입신고필증이라 한다). 제품이 수출을 위해 배나 비행기에 실리기 전 세관의 제품 검사를 받는데, 검사 전에 수출업자는 제품신고를 한다. 이때 신고한 내용을 근거로 세관에서 검사를 하고, 검사가 완료되면 세관에서는 수출신고필증이라는 것을 발행해서 통관이 완료되었음을 증명한다.

또한 수입업자의 수입신고로 세관에서는 제품검사를 하고 검사가 완료되면 세관에서는 수입신고필증을 발행해서 통관이 완료되었음을 알린다.

수출신고필증 기재내용에 대해 알아보자

① **신고자:** 세관에 수출신고를 하는 사람의 이름이 기재되는 곳. 관세사가 수출신고를 대신하면 관세사의 이름이 들어간다.

③ **제조자:** 실제 수출업자와 제조자가 다를 수 있다. 실제 제조회사 이름이 기재된다.

④ **구매자:** 구매자, 즉 수입회사를 말한다.

⑤ **신고번호:** 수출신고를 하게 되면 번호가 부여된다. 예) 1111-11-111111X

USD 1,120.00

UNI-PASS

수출신고필증(수출이행, 갑지)

※ 처리기간 : 즉시

제출번호	⑤ 신고번호	⑥ 신고일자	⑦ 신고구분	⑧ C/S구분
①신 고 자				

②수출대행자 (통관고유부호)	⑨ 거래구분	⑩ 종류	⑪결제방법
A 수출화주 (통관고유부호) (주소) (대표자) (사업자등록번호)	⑫ 목적국	⑬ 적재항 KRPUS	⑭선박회사
	⑮ 선박명(항공편명)	⑯ 출항예정일자	⑰적재예정보세구역
	⑱ 운송형태	⑲ 검사희망일	
	⑳ 물품소재지 /		
③제 조 자 (통관고유부호) 제조장소	㉑ L/C번호	㉒물품상태	
	㉓ 사전임시개청통보여부 A	㉔반송 사유	
④구 매 자 (구매자부호)	㉕ 환급신청인 (1:수출대행자/수출화주, 2:제조자) 자동간이정액환급		

●품명 · 규격 (란번호/총란수 : 001/001)

㉖품 명 ㉗ 거래품명	㉘상표명			
㉙모델.규격	㉚ 성분	㉛ 수량(단위)	㉜ 단가(USD)	㉝ 금액(USD)
B 1란 을지 계속				

㉞ 세번부호		㉟순중량	2,540.5 (KG)	㊱ 수량		㊲신고가격(FOB)	
㊳ 송품장부호		㊴수입신고번호	()	㊵ 원산지 KR---		㊶포장갯수(종류)	
㊷ 수출요건확인 (발급서류명)							
㊸ 총중량	(KG)	㊹ 총포장갯수	7(GT)	㊺ 총신고가격 (FOB)			
㊻ 운임(₩)		㊼ 보험료(₩)	0	㊽ 결제금액			
㊾ 수입화물 관리번호				㊿ 컨테이너번호	N		

C ※신고인기재란 선적기간 :	(51) 세관기재란 BUSAN MAIN CUSTOMS 부산 세관 THE REPUBLIC OF KOREA

(52) 운송(신고)인 (53) 기간 부터 까지	(54) 적재의무기한		(55) 담당자	(56) 신고수리일자

D page: 1/2

⑥ <u>**신고일자:**</u> 수출신고한 날짜가 기재된다. 예) 2019-11-12

㉙~㉝ <u>**모델.규격, 성분, 수량(단위), 단가(USD), 금액(USD):**</u> 제품모델, 규격, 수량 및 단가와 금액이 기재되는 곳이다.

㉞ <u>**세 번부호:**</u> HS코드다. 세관에서는 수출·수입되는 제품을 물건 이름이 아닌 숫자로 분류하는데, 이것을 HS코드 혹은 세 번부호라 한다. HS코드로 관세 등을 확인하므로 세 번부호라고도 한다.

㊺ <u>**총신고가격(FOB):**</u> 수출제품이 얼마에 판매되는지를 세관에 신고하는데, 그 가격이 기재되는 곳이다. 신고가격은 에프오비(FOB) 가격으로 기재된다. 에프오비(FOB)는 인코텀즈에 있는 가격 중 하나로 자세한 설명은 '2장'의 '인코텀즈' 편을 참고하도록 한다.

예) $30,000

₩33,600,000

$30,000는 3만 달러를 말하는 것이고, 그 밑의 원화는 3만 달러를 원화로 환산한 것을 말한다. 원화로 환산하기 위한 환율은 보통 수출신고필증 제목 옆에 기재된다.

(54) <u>**적재의무기한:**</u> 수출신고를 했다고 해서 바로 배에 실어야 하는 것은 아니고, 보통 수출신고가 완료된 후 30일 내에 적재하면 된다. 그 이후까지 적재되지 않으면 수출신고가 된 것이 취소될 수 있고 과태료가 나올 수 있으니 참고하도록 한다.

A. <u>**수출화주(통관고유부호):**</u> 수출화물의 주인이 기재되는 곳이다. 통관고유부호는 개인이나 기업을 부호로 표시한 것을 말한다. 관세청에서는 기업이나 개인을 통관고유부호로 분류한다.

B. **1란 을지 계속:** 수량 등이 많아서 한 장으로 기재가 안 되는 경우 다음 장에 기재되는데, 다음 장을 을지라 한다.

C. **신고인기재란:** 선적기간이 기재된다. 예) 선적기간 : 2019-11-12~2019-12-12

D. **Page 1/2:** 신고내용이 많을 때는 여러 장이 발행된다. 이 경우에는 수출신고필증이 총 2장이 발행되었고, 2장 중 첫 번째 장임을 알 수 있다.

동영상으로 명쾌하게 이해한다
수출신고필증 읽기

수입신고필증 기재내용에 대해 알아보자

① **신고번호:** 수입신고필증이 발행되면 신고번호가 부여된다. 예) 11111-11-111111M

⑥ **입항일:** 수입화물을 실은 배가 항구에 도착한 날짜가 기재된다. 예) 2019/11/09

⑧ **반입일:** 수입화물이 보세구역에 도착한 날이다. 예) 2019/11/12

⑩ **신고인, ⑪ 수입자:** 신고인은 실제로 수입신고한 사람을 말하며, 수입업자는 물건수입업자를 말한다. 수입업자가 수입신고를 하

(갑 지)

수 입 신 고 필 증

※ 처리기간 : 3일

①신고번호	②신고일	③ 세관.과	⑥ 입항일	⑦ 전자인보이스 제출번호
④B/L(AWB)번호	⑤ 화물관리번호		⑧ 반입일	⑨ 징수형태

⑩신 고 인 ⑪수 입 자 ⑫ 납세의무자 (주소) (상호) (성명) ⑬ 운송주선인 ⑭ 해외거래처	⑮ 통관계획 B	⑲원산지증명서 유무 N	㉑총중량	
	⑯ 신고구분 A	⑳가격신고서 유무 Y	㉒총포장갯수	
	⑰거래구분 11	㉓국내도착항 KRPUS		㉔운송형태 10-FC
	⑱종류 K	㉕적출국		
		㉖선기명	HK	
	㉗MASTER B/L번호		㉘ 운수기관부호	
㉙검사(반입)장소				

● 품명 · 규격 (란번호/총란수 : 001/001)

㉚품 명 ㉛거래품명	㉜ 상표 NO

㉝모델 · 규격1	㉞성분	㉟수량	㊱단가(USD)	㊲금액(USD)
	1란 을지	계속		

㊳세번부호		㊵순중량		㊸C/S검사	S 청CS검사생략	㊺사후확인기관	
㊴과세가격(CIF)	$	㊶수 량	0	㊹검사변경			
	₩	㊷환급물량		㊻원산지		㊼특수세액	0.00
㊽수입요건확인 (발급서류명)							

㊾세종	㊿세율(구분)	(51)감면율	(52)세액	(53)감면분납부호	감면액	*내국세종부호
관 부						

(54)결제금액(인도조건-통화종류-금액-결제방법)						(56) 환 율	
(55)총과세가격	$	(57)운 임		(59)가산금액		(64)납부번호	
	₩	(58)보험료		(60)공제금액		(65)부가가치세과표	

(61)세 종	(62)세 액	※신고인기재란	(66) 세관기재란
관 세		업태 = 제조,도매종목 = 광고재료,무역	-이 물품을 수입통관 후 단순가공하거나 낱개 · 산물 · 분할 또는 재포장하여 판매하거나 이전할 경우, 관련 법령에 따라 원산지를 표시하여야 하고, 양도(양수자의 재양도 포함)시에는 양수인에게 이 의무를 서면으로 통보하여야 하며, 이를 위반시에는 관세법 제276조 및 대외무역법 제 조 등에 의해 처벌을 받게 됩니다. -이 물품은 사후심사결과에 따라 적용세율이 변경 될 수 있습니다.
개별소비세	0		
교 통 세	0		
주 세	0		
교 육 세	0		
농 특 세	0		
부 가 세			
신고지연가산세	0		
미신고가산세	0		
(63)총세액합계		(67)담당자	(68) 접수일시 (69)수리일자

BUSAN MAIN CUSTOMS 부산세관 THE REPUBLIC OF KOREA

발 행 번 호 : 세관.과 : 030-83 신고번호 : Ⓐ Page : 1/2

* 본 신고필증은 발행 후 세관심사 등에 따라 정정,수정될 수 있으므로 정확한 내용은 발행번호 등을 이용하여 관세청 전자통관시스템(http://portal.customs.go.kr)에서 확인하시기 바랍니다.
* 본 수입신고필증은 세관에서 형식적 요건만을 심사한 것이므로 신고내용이 사실과 다른 때에는 신고인 또는 수입화주가 책임을 져야 합니다.

지 않고 관세사를 통해서 수입신고를 하게 되면 신고인과 수입업

자는 다르게 된다.

예) 신고인: 관세법인 제대로

　　수입업자 : ㈜세계로(세계로****-1-92-1-01-1 A)

⑬ **운송주선인:** 포워더, 즉 수입화물 운송회사를 말한다. 예) 미래 마

린 앤 에어

⑲ **원산지증명서:** 원산지증명서가 있는지 없는지를 묻는 것으로 있

으면 관세가 줄거나 하는 혜택이 있으니 참고하도록 한다. 중국

과 같이 가까이 있는 나라의 경우 물건보다 원산지증명서가 늦게

수입업자에게 도착하는 경우도 있는데, 이때는 일단 원산지증명

서 없이 통관한 후 나중에 원산지증명서를 받은 다음 수입신고를

정정하기도 한다.

㉝~�37 **모델·규격, 성분, 수량(단위), 단가(USD), 금액(USD):** 수입업

자가 신고한 제품의 모델 및 수량, 단가 등이 기재되는 곳이다.

예)

㉝모델 · 규격1	㉞성분	㉟수량	㊱단가 (USD)	㊲금액 (USD)
TV PORTABLE AB3		100SETS	300,00	30,000,00

㊳ **세 번부호:** HS코드가 기재되는 곳이다.

㊴ **과세가격(CIF):** 과세가격, 즉 관세 등이 부과되는 기준이 되는 가

격을 말한다. 관세는 관세율로 기재되는데, 예를 들어 관세율이

6.5%이고 과세가격이 1천만 원인 경우 1천만 원의 6.5%가 관세

이므로 관세는 650,000원이 된다. 수입시 과세가격은 인코텀즈

중의 하나인 씨아이에프(CIF)가 적용된다.

(54) <u>결제금액(인도조건-통화종류-금액-결제방법):</u> 인도조건은 가격조건을 말하며 인코텀즈를 말한다. 통화 종류는 물건수입시 결제하는 돈이 미국 달러인지 중국 위엔화인지 일본 엔화인지를 말한다. 또한 금액은 수입물품 금액을 말하고, 결제방법은 은행을 통한 송금인지 신용장인지 등을 말한다.

예) FOB-USD-100,000-TT: 운송료는 수입업자가 부담하는 조건으로 미국 달러 100,000달러어치를 구매하는 것으로 결제는 송금으로 한다.

(55) <u>총과세가격(CIF):</u> 관세 등의 세금을 부과하기 위한 기준 가격으로, 수입시 과세가격은 씨아이에프(CIF)이다.

예) $100,000

₩111,117,000

(56) <u>환율:</u> 관세는 우리나라 돈으로 부과되는데, 과세가격이 외화인 경우 우리나라 돈으로 환전해서 계산이 된다. 이 경우 환율은 공개적으로 알리며 공개적으로 알리는 환율을 고시환율이라 한다. 고시환율은 관세청 홈페이지(customs.go.kr)의 오른쪽 중간에 다음과 같이 기재되어 있다. 이 환율로 수입물품대금을 원화로 계산할 수 있다. 예) 1,111.17

관세 환율정보	원유평균 수입가격	
국가(통화)	수출	수입 +
미국(USD)	1152	1174.48
일본(JPY)	10.6636	10.8724
유럽(EUR)	1301.85	1327.96
중국(CNY)	167.79	171.17

㊾ 세종 관, 부: 관세와 부가세를 말한다. 참고로 부가세는 물건값에 관세를 더한 금액의 10%이다. 예를 들어 물건값이 1천만 원이고 관세가 650,000원인 경우에 부가세는 '(10,000,000+650,000)× 10%'로 계산해 1,065,000원이 된다.

예)

㊾세종	㊿세율(구분)	⑤감면율	㊾세액	㊾감면분납부호	감면액	＊내국세종부호
관	6.5	0.00	650,000		0	
부	10.00	0.00	1,065,000		0	

Ⓐ Page : 1/2 : 발행된 수입신고필증의 페이지를 말한다. 1/2의 경우에는 총 2장이 발행되었고 그 첫 번째 장이라는 말이다.

동영상으로 명쾌하게 이해한다
수입신고필증 읽기

통관과 관련된 여러 가지 용어들에 대해 파악하자

통관이라는 것은 세관에서 제품을 검사한다는 것으로 경우에 따라서는 수입을 금지시키거나 제한하기도 한다. 통관과 관련된 다양한 용어들에 대해 알아보자.

국가 간의 무역협정, FTA

FTA(에프티에이)는 Free Trade Agreement의 약자로 우리말로는 자유무역협정이라고 한다. 협정이라는 것은 협의해서(協, 화합할 협) 정한 것(定, 정할 정)을 말하며, 자유롭게 제한 없이 무역을 할 수 있도록 하는 협정이 자유무역협정, 즉 FTA다.

나라마다 경쟁력이 있는 분야와 없는 분야가 있다. 예를 들어 우리나라의 반도체와 자동차는 최고의 경쟁력이 있지만 농산물은 그렇지 못하다. 반면에 베트남의 경우에는 농수산물은 경쟁력이 있지만 자동차는 이제 시작 단계다.

우리나라는 농산물을 생산하는 농가를 해외의 농가로부터 보호하기 위해 수입농산물의 관세를 올린다든지 수입조건을 까다롭게 해서 수입이 늘지 않는 조치를 취하고 있다. 마찬가지로 해외 자동차 업체에 비해 경쟁력이 떨어지는 베트남 자동차 산업을 위해 베트남 정부도 우리나라 농가보호와 비슷한 수준이거나 혹은 좀더 창의적인 수준에서 수입을 제한하기 위한 조치를 할 것이다. 이러한 조치를 수입장벽이라고 한다.

전 세계적으로 수입장벽 같은 조치만 있다면 자유로운 무역, 즉 사고파는 거래는 힘들 것이다. 그래서 기존에 자기나라에 수입되는 제품에 대한 높은 관세장벽 등을 낮춰서 상대국도 특정분야의 관세를 낮추도록 유도하는 협정을 맺는데, 이것을 FTA라 한다.

FTA를 하기 위해서는 어느 정도의 국내산업 피해가 발생할 수밖에 없다. 그래서 정부당국이 관심을 가지고 세밀한 계획을 통해 피해를 입는 분야에 대해 지원을 하는 것도 매우 중요하다.

한편 FTA를 통해 상대국의 수입장벽인 높은 관세 및 까다로운 수입조건 등을 완화해 우리의 경쟁력이 있는 제조업 분야의 수출을 높일 수 있는 계기가 된다.

FTA를 하는 가장 큰 이유 중의 하나가 수입 관세를 낮추기 위함이다. 수입 관세가 높아진다는 것은 수입제품의 판매가격이 올라간다는 것이다. 즉 원래 물품가는 1,000원인데, 관세가 물건 한 개당 100원이 붙거나 경우에 따라서는 물건값과 같은 1,000원이 붙게 되면 팔기가 어렵거나 팔기를 포기해야 할 수도 있다.

FTA를 통해 이러한 수입장벽·관세장벽을 낮추게 되고, 이렇게 낮춰진 관세를 관세 혜택이라 한다.

원산지증명서

원래는 관세라든지 무역장벽이 있지만 다른 나라와 협상을 통해 관세나 무역장벽을 낮추거나 없애는 것이 FTA다. 관세와 무역장벽을 낮추는 것은 특정한 나라와 합의를 통해서 특정한 국가에게만 주는 혜택이며, 그 외 나라에는 무역장벽과 관세가 계속 유지된다.

FTA를 체결한 특정한 나라에서 생산된 제품에 대해 혜택을 주기 위해서는 그 나라에서 생산되었다는 것을 증명해야 하는데, 그 증명서가 원산지증명서이고, 영어로는 CERTIFICATE OF ORIGIN이다.

우리나라의 경우 원산지증명서는 상공회의소 홈페이지에서 온라인으로 발행할 수 있다.

가격을 낮춰 신고하는 것은 불법이다, 언더밸류

대부분의 수입제품에는 관세가 붙는데, 이것은 기본적으로 정해진 비율로 부과된다. 즉 '가격의 몇 퍼센트' 이런 식이다. 여기서 가격은 과세가격을 말하는 것으로 세금을 부과하기 위한 기준가격을 말한다. 즉 물건값이 높으면 높을수록 그에 비례해서 관세는 커지고, 관세가 커지는 만큼 수입해서 판매할 때 판매가격이 올라간다.

그래서 수입회사의 경우 수입신고시 세관에 신고하는 물품가격을 낮추려는 시도를 많이 하며, 이는 세관에서도 모르는 바가 아니다. 이와 같이 원래 물품가격보다 낮추는 것을 언더밸류(UNDERVALUE)라고 하는데, 국내에서는 언더밸류가 그렇게 많이 일어나는 편은 아니다. 언더밸류로 수입신고를 했다 하더라도 나중에 적발되면 그만큼 추징을 당해 과세당국에 납부해야 한다.

해외업체와 거래하다 보면 언더밸류 요청이 들어오기도 한다. 즉 물품금액을 낮춰서 인보이스를 보내달라고 하는데, 절대로 해줘서는 안 된다.

수출입에도 증거가 필요하다, 수출입 증빙서류

증빙이라는 것은 증거(證, 증거 증)로서 믿을 만한 것(憑, 기댈 빙)을 말하며, 증거로서 누구나 인정할 만한 서류를 증빙서류라 한다. 무역을 하다 보면 서류를 작성하거나 외부로부터 받아서 잘 보관해야 할 서류가 많다는 것을 알 수 있다.

이러한 것은 주로 신고하기 위한 것으로 많이 쓰이는데, 그 외에 경우에 따라서는 정부의 수출지원사업을 지원받기 위한 증빙서류로 쓰이기도 한다.

대표적인 증빙서류로는 수출신고필증과 수입신고필증이 있으며, 피아이(PI, Proforma Invoice), 인보이스, 패킹, 원산지증명서(C/O, Certificate of Origin), 피오(PO, Purchase Order), 비엘 등이 있다.

다음은 증빙서류가 필요한 경우와 관련 서류다.

증빙서류가 필요한 경우와 관련 서류
- 해외송금시 은행에 팩스 등으로 제출서류 : 피아이, 수입신고필 증, 인보이스 중 하나 혹은 여러 개
- 수출에 대해 세무서 신고시 제출서류: 수출신고필증
- 수입에 대해 세무서 신고시 제출서류: 수입신고필증

공인중개사를 생각하자, 중개무역

포워더, 공인중개사, 중개무역회사의 공통점은 무엇일까? 이들은 모두 실제로 무언가를 가지고 있지 않으면서 수익을 올리는 회사들이라는 것이다.

포워더의 경우, 실제로 운송을 위해 필요한 배나 비행기를 가지고 있지 않으면서 운송업무를 담당하고 있다. 포워더는 배나 비행기를 가지고 있는 운송회사로부터 배나 비행기의 일부 공간을 저렴한 비용으로 공급받고 이를 수출입회사에 소개해 마진을 남기는 구조다.

공인중개사의 경우, 땅이나 건물을 매매하는 회사로 실제로 자기 땅을 팔고 사기보다는 땅이나 집을 팔려는 사람과 땅이나 집을 사려는

사람을 연결해주고 수수료를 받는다.

중개무역회사의 경우, 공인중개사처럼 중개를 전문으로 하는 회사이지 실제로 무역, 즉 수입이나 수출을 하는 회사는 아니다. 공인중개사가 땅이나 집을 팔려는 사람과 사려는 사람을 연결해주고 둘에게 동시에 혹은 한쪽으로부터 수수료를 취하는 것처럼 중개무역회사도 판매하려는 수출회사와 구매하려는 수입회사를 연결해주고 거래가 성사되면 수수료를 받는다. 이 수수료를 무역에서는 커미션(commission)이라 하며, 중개무역회사는 보통 오퍼상이라 한다.

예를 들어 해외여행을 하다가 괜찮은 제품을 발견하고 국내로 와서 해외의 괜찮은 제품을 구매할 것 같은 회사를 검색한 후 생산자와 구매자를 연결해주고, 거래가 성사되면 수수료를 받으면 된다. 이때 수수료를 한 번만 받고 끝내거나 제품 한 개가 팔릴 때마다 수수료를 받는 구조 등 이것 또한 협의하기 나름이다. 지금처럼 휴대폰이나 인터넷이 발전하지 못했던 과거에는 팩스 한 대로 중개무역 업무를 보기도 했다.

도매상이 하는 중계무역

중개무역이 공인중개사라면, 중계무역은 도매상이라 할 수 있다. 예를 들어 한국의 한 무역회사가 태국에서 열리는 해외 전시회에서 괜찮은 제품을 발견하고, 그 제품을 판매하는 업체와 구매 계약을 체결한다.

그리고 제품을 구매해 미국의 기존 거래회사에 판매를 한다. 이때 한국의 회사는 태국의 제조업체에게 발주를 하고, 제조업체는 수입업자인 미국의 회사에게 바로 수출을 한다. 이러한 무역을 중계무역이라고 한다.

도매상도 이와 크게 다르지 않다. 배추 등의 농산물을 파는 도매상이 산지의 농가로부터 물품을 구매해 소매상 등에게 판다는 점에서 중계무역과 도매상이 유사하다고 할 수 있다.

중계상이 한 가지 주의할 것은 제조업체와 수입업체와의 관계인데, 제조업체와 수입업체가 중계상을 거치지 않고 직접 거래하는 경우다. 이러한 경우를 대비해서 제조업체와 독점계약을 맺거나 스위치 비엘 등을 이용해 제조업체나 수입업체의 연락처 등이 노출되지 않도록 한다. 스위치 비엘에 대한 자세한 설명은 '2장'의 '보내는 사람의 이름을 숨기다, 스위치비엘' 편을 참고하도록 한다.

무역을 하다보면 해외 수입업체로부터 기존에 내가 제조하거나 판매하는 제품 외에 다른 제품에 대한 문의도 받는다. 이때 제품 발굴을 통해 해외나 국내의 제조업체를 찾아서 해외 업체에게 소개하고 수익을 올릴 수도 있다.

반품은 반송 통관

물건을 사다보면 여러 가지 이유로 샀던 물건을 반품하게 된다. 즉 색이 마음에 들지 않는 등의 개인적인 이유나 제품의 불량 등과 같은 제품 자체의 하자로 인해 반품, 즉 반송하게 된다. 무역에서는 제품의 하자 외에 중계무역을 위해 반송을 진행하기도 하는데, 반송을 위해 하는 통관을 반송 통관이라고 한다.

앞서 중계무역은 해외의 제조업체로부터 제품을 구매해 또다른 해외 수입업체에게 구매한 제품을 판매하는 무역이라고 했다. 이때 제조업체와 수입업체의 직접 거래를 방지하기 위해 중계무역회사는 둘 간의 연락처 등이 노출되지 않도록 주의할 필요가 있다. 이때 이용하는 통관이 반송 통관이다.

반송 통관을 위해 해외제조업체의 제품을 일단 한국으로 수입한다. 이때 항구나 공항에 도착한 수입제품을 수입 통관하지 않고 다시 해외의 수입업체로 송부하는데, 이때 하는 통관이 반송 통관이다.

다시 말해서 해외에서 수입된 제품을 보세구역에서 수입 통관하지 않고 다시 해외로 보내는 경우, 이때도 왜 이 제품이 다시 해외로 나가는지에 대해 통관이 진행되는데 이를 반송 통관이라 한다. 참고로 통관을 위해 대기하는 공간을 보세구역이라 한다.

통관 후 제품은 다시 원래 수입업자인 나라로 배송된다.

수출용이라는 것을 확인해주는 구매확인서

우리나라에서는 수출을 촉진하기 위해 다양한 수출지원책을 개발해서 수출기업에게 혜택이 돌아가도록 노력하고 있다. 그 중 하나가 부가세를 부과하지 않는 것이다.

부가세는 대부분의 제품에 붙는 세금으로 10%다. 이때 판매하는 제품이 수출용인 경우 부가세가 영세율, 즉 부가세 없이 제품을 판매할 수 있고, 이때 영세율계산서를 발행한다.

국내의 판매업체가 영세율계산서를 발행하기 위해서는 이 제품을 구매하는 국내의 구매업체로부터 수출용임을 증명하는 확인서를 받아야 하는데, 이 서류를 구매확인서라고 한다. 구매확인서는 수출로 인정받을 수 있는 수출증빙서류로 이용될 수 있다.

돈을 잘 주고 잘 받는 것이 무역 결제의 가장 중요한 포인트다. 무역이라고 특별한 결제 방법이 있는 것이 아니다. 이미 우리가 알고 있는 결제방법과 유사한 방법으로 결제가 이루어지고 있다. 우리가 알고 있는 결제와 얼마나 차이가 있는지 4장을 통해 잘 이해해서 실무에 활용하도록 하자.

무엇보다 결제가 가장 중요하다

무역에서는 대금 결제를 이렇게 한다

이미 우리는 무역이 아니더라도 많은 결제를 해오고 있다. 그리고 수많은 결제를 통해 다양한 결제방법이 생겨났고, 그러한 결제방법이 지금도 계속 발전하고 있다.

해외도 결제를 위해 송금을 하고 어음을 사용한다

무역을 처음 하는 사람들은 무역을 한번도 해본 적이 없기 때문에 무역을 막연하게 느끼는 경우가 많다. 하지만 해외도 사람 사는 곳이고 실제로 무역을 해보면 우리가 이미 하고 있는 것들인데, 용어로 인해 전혀 다르게 느끼는 것들이 많다. 그 대표적인 것이 결제수단이다.

우리나라에서 많이 쓰이는 결제수단으로 송금과 어음이 있다. 무역에서는 송금을 티티(T/T)라 하고, 어음을 신용장 혹은 디에이(D/A), 디피(D/P)라 한다.

티티(T/T)는 Telegraphic Transfer라 하는데 우리말로는 전신송금이다. 티티도 우리나라의 일반 송금과 마찬가지로 은행을 통해서 돈을 보내고 받는다. 국내와 마찬가지로 해외로 송금할 때 온라인으로도 가능하며, 송금신청서를 작성해 은행을 통해서 송금하기도 한다.

한편 지금 당장 돈은 못 주지만 앞으로 며칠까지는 돈을 주겠다는 것을 문서로 만든 것이 있다. 바로 어음이다. 이러한 어음이 국내에만 있는 것이 아니라 무역에서도 비슷한 종류가 있는데, 엘씨(L/C)와 디피(D/P) 혹은 디에이(D/A)가 그것이다.

은행이 지급을 보증하는 것, 엘씨 혹은 신용장

무역회사는 언제나 거래하던 업체와 거래하는 것이 아니기 때문에 때로는 처음 거래하는 업체가 생기기도 한다. 이때 신규 업체가 과연 믿을 수 있는지, 혹시 물건만 보내고 돈은 못 받는 것은 아닌지 등의 걱정이 생길 수 있다.

그래서 일단 발주와 함께 돈을 먼저 받는데, 이 경우 전액을 다 받기보다는 보증금으로 전액의 40%를 받기도 한다. 보증금을 받게 되면 혹시나 잔금을 못 받게 되더라도 생산해놓은 제품을 다른 업체에 다시 팔면 되므로 물건부터 보내서 나중에 돈을 못 받게 되는 경우보다 훨씬 낫다.

한편 물건을 받는 입장에서도 일단 돈부터 주기보다는 물건을 받고 물건의 품질을 검사한 후에 돈을 주겠다는 식으로 계약을 한다. 보통 앞의 경우처럼 보증금으로 전체의 일부만 송금하고, 잔액은 제품 검수 후 송금으로 계약하기도 한다.

그나마 나은 방법은 우리가 편의점에서 돈을 주고 물건을 바로 그 자리에서 받는 것처럼 돈으로 바로 물건을 사는 것이다. 하지만 결제를 위해 수입업자가 수출업자의 나라에 돈을 싸들고 가는 것도 번거롭고, 금액이 크면 국가의 규제를 받는다. 설사 현지에서 돈을 주고 물건을 샀다고 하더라도 수입업자의 나라로 물건을 들여올 때, 결제를 증빙하는 문제가 있다. 기본적으로 외화의 이동은 은행을 통하게 되어 있기 때문이다.

이런 이유로 결제에 대해서는 서로가 보수적일 수밖에 없다. 이에 돈을 전혀 주지 않고 은행의 지급 보증만으로 물건을 생산하게 하는 결제 시스템이 있는데, 이것을 엘씨(L/C)라 한다.

엘씨(L/C)는 Letter of Credit의 약자로 우리말로는 신용장이라고도 한다(참고로 Letter of Credit가 일반적인 명칭이지만 그냥 credit라고도 한다). 엘씨는 크레딧카드, 즉 신용카드를 생각해보면 이해하기가 쉬울 것이다. 은행 등을 통해 발행한 신용카드는 현금 없이 물건을 구매하고 결제일에 카드대금을 갚는 것이 신용카드의 결제구조다. 즉 사용은 일반인이 하지만 물품대금은 은행이 결제를 보증하므로 판매처에서는 은행을 신용하고(믿고) 물건을 파는 것이다.

엘씨, 즉 신용장은 신용카드와 비슷한데, 은행을 믿고 물건을 판매해달라는 것을 문서로 작성한 것을 말한다. 참고로 발행된 신용장에는 금액이 기재되어 있는데, 은행은 그 금액의 결제를 보증하는 것이다.

결제와 관련해서는 사는 사람과 파는 사람의 입장이 언제나 다르다. 파는 사람 입장에서는 최대한 빨리 전액을 받고 싶지만 사는 사람 입장에서는 최대한 결제를 늦추는 것이 이익인 경우가 많다. 그런 이유로 현금결제시 물건값의 몇 퍼센트를 보증금으로 먼저 지급하고, 선적 후나 물건을 받고 나서 잔금을 치르기도 한다.

이와 달리 신용장은 은행 측에서 수입업자의 구매를 보증하는 것으로 수입업자, 즉 구매자 입장에서는 지금 당장 돈을 결제할 필요가 없어서 좋다. 또한 수출업자, 즉 판매자 입장에서는 은행이 결제를 보증해주기 때문에 이를 믿고 제품을 생산할 수 있어서 좋다.

참고로 티티(T/T)의 경우에는 일반 국내송금과 같이 판매자인 수출업자가 자신의 은행 계좌번호를 알려주고, 구매자인 수입업자는 수출업자의 계좌로 돈을 송금하면 된다. 송금을 받아야 수출업자는 수입업자가 화물을 찾는 데 필수적인 비엘을 보내준다.

신용장을 통해 결제 받기, 추심과 네고

어음의 결제방법에 어음할인과 추심이 있다면, 어음과 유사한 신용장에는 네고와 추심이 있다. 은행용지로 발행한 어음인 경우 에는 어음을 가지고 있는 사람이 만기일에 은행에 가서 어음을 제출하면 돈을 받을 수 있다. 이처럼 은행을 통해 돈을 찾아서(尋, 찾을 심) 가져온다(推, 밀 추)고 해서 추심이라 한다. 신용장에서도 수출업자가 각종 서류를 거래은행에 제출해 은행을 통해서 돈을 받는 추심이 있다.

신용장에는 수입업자가 수출업자에게 요구하는 각종 서류가 기재되어 있는데, 이러한 서류에는 대표적으로 인보이스와 패킹 그리고 비엘 등이 있다. 즉 이러한 서류는 수입업자가 수입화물을 인수하기 위해 필요한데, 수출업자가 화물을 배에 실어서 수입지로 보낸 후 신용장에서 요구하는 각종 서류들을 준비해 은행에 제출하면, 은행은 서류를 수입업자에게 보내 서류를 주고 돈을 받는 추심을 한다.

하지만 추심이라는 것은 먼저 수입업자가 서류를 인수하고 돈을 결제해서 그 돈을 수출업자 은행이 받아 수출업자에게 전달하는 것이므로 시간이 많이 걸리게 된다. 그래서 나온 것이 네고라는 것인데, 이것은 어음에서 할인과 유사하다.

네고든 추심이든 수출업자의 입장에서는 돈을 받고 수입업자가 물건과 바꿀 수 있는 서류를 넘겨줘서 안심이 되고, 수입업자 입장에서는 물건과 바꿀 수 있는 서류를 받고 돈을 주는 것이므로 서로가 안심하고 거래할 수 있는 것이 신용장 거래이다.

어음에서 돈을 받는 방법에는 추심과 할인이 있고, 신용장에서 할인과 유사한 것이 네고라 했다. 네고(NEGO)는 NEGOTIATION에서 뒤의 말을 잘라서 쓰는 것으로 우리말로는 매입이라고도 한다.

수출업자가 수출을 완료하고 인보이스, 패킹, 비엘 등을 은행에 제출하면 추심을 통해서 돈을 받는데, 이 경우 돈을 받는 데 시간이 많이 걸린다. 네고의 경우에는 수출업자가 거래은행에 서류를 제출하면 은행은 바로 돈을 주는데, 이때 어음 할인처럼 일정한 수수료를 제하고 수출업자에게 수출대금을 준다.

어음할인의 경우에는 할인하는 날부터 만기일까지를 이자로 계산해 그 이자를 뺀 나머지를 준다. 신용장에서 네고의 경우, 서류가 수출지 은행에서 수입지 은행 그리고 수입업자에게 전달되어 돈이 수출업자 은행으로 오기까지의 날짜를 이자로 계산해 그 이자를 뺀 나머지를 수출업자에게 전달한다. 이때 수출지 은행의 서류 인수를 무역용어로 매입이라 한다.

우리가 물건을 산 후 하자가 있으면 물건을 주고 돈을 돌려받듯이, 네고가 된 후 수입업자가 서류에 문제가 있다고 서류를 인수하지 않기도 한다. 이때 수출업자에게 돈을 미리 준 수출업자 은행은 물건에 대한 하자로 돈을 환불받는 것처럼, 수출업자에게 준 돈을 다시 돌려달라고 하기도 한다. 이처럼 돈을 준 사람에게 다시 돈을 돌려달라고 (遡, 거스를 소) 요구(求, 구할 구)한다고 해서 이를 전문용어로 소구라 한다.

굳이 따지자면 문방구 어음과 유사한 것이 디피

신용장은 어음으로 치면 은행어음용지로 어음을 발행하는 것이다. 이와 달리 은행이 아닌 문방구 등에서 판매하는 용지로 발행하는 어음도 있다. 굳이 따지자면 문방구 어음과 비슷한 것이 무역에서의 디피 (D/P) 혹은 디에이(D/A)다.

186

디피(D/P)는 Document against Payment의 약자인데 결제가 되면(against Payment) 서류(Document)를 준다는 말로, 여기에서의 서류는 인보이스, 패킹 그리고 비엘 같은 것을 말한다. 네고와 추심으로 결제를 진행하는 신용장처럼 디피도 네고와 추심으로 돈을 주고받는다는 점에서 신용장과 같다. 참고로 결제(지급)를 하면 서류를 넘겨준다고 해서(인도) 디피를 지급인도 혹은 지급도라고도 한다.

신용장과의 차이라면, 신용장은 은행을 통해서 발행되며 발행시 수수료가 발생하지만 디피의 경우 수출업자와 수입업자 간의 합의에 의해 서류를 작성하는 것으로 발행수수료 발생이 없다는 것이다. 대신 신용장은 수입업자가 결제를 못할 때 은행이 결제를 하겠다는 보증이 있는 데 반해, 디피의 경우에는 은행 보증 없이 순전히 수입업자만을 믿고 진행하기 때문에 결제의 위험이 있다는 차이가 있다.

디피와 유사하지만 바로 돈을 못 받는 것, 디에이

디피처럼 디에이도 은행의 보증이 있는 신용장이 아닌 수출업자와 수입업자 간의 합의에 의해 진행되는 것이다.

디에이(D/A)는 Document against Acceptance의 약자로, 서류를 인수하겠다(againat Acceptance)고 하면 서류(Document)를 넘겨준다고 해서 무역에서는 인수인도 혹은 인수도라고도 한다. 참고로 여기에서 말하는 서류도 인보이스, 패킹, 비엘 등과 같이 수입화물 통관시 필요한 서류를 말한다.

디피와 디에이에 차이가 있다면 against Payment냐 아니면 against Acceptance냐다. 즉 디피는 서류를 인수하기 위해서는 먼저 수입업자가 결제부터 해야(against Payment) 하지만, 디에이인 경우에는 수입업자는 서류를 인수하겠다고 하고(against Acceptance) 서류를 받으면 되는 것이다. 디에이의 경우 수입업자는 인수일로부터 30일 혹은 60일 또는 90일에 결제를 하면 된다.

은행에서 발행한 신용장이 아니지만 디피 및 디에이 둘 다 은행을 통해 추심이나 네고를 통해 수출업자가 수출대금을 회수한다.

그래도
현금이 최고다

외국과의 거래라고 하면 막연하고 국내와 많이 다를 것 같지만 언어가 다를 뿐 차이가 별로 없다. 이번 장에서는 무역에서의 현금거래라 할 수 있는 송금은 어떻게 하고, 기존에 내가 국내에서 해왔던 송금방식과 어떤 차이가 있는지 알아보기로 하겠다.

해외송금에는 필수요소인 스위프트에 대해 알아보자

해외송금의 경우에도 알고 보면 국내송금과 비슷한 점을 다수 찾아볼수 있다. 예를 들어 국내에서 송금하려면 기본적으로 상대방 은행이름과 은행계좌가 있어야 한다. 해외송금에서도 상대방 은행 영문 이름과 은행계좌가 있어야 국제송금이 가능하다.

국제송금에 필요한 것으로 한 가지 더 덧붙이자면 스위프트 코드 혹은 비아이씨 코드라는 것이 필요하다. 참고로 비아이씨가 정식명칭이며, 스위프트 코드는 실무에서 쓰이는 용어다. 스위프트 코드는 전 세계 은행 이름과 주소를 짧은 몇 개의 문자로 표현한 것으로 스위프트

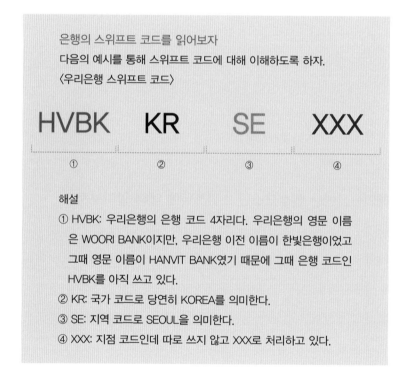

ABCD EF GH HIJ

| 은행 코드/4자리
(BANK CODE) | 국가 코드/2자리
(COUNTRY CODE) | 지역 코드/2자리
(LOCATION CODE) | 은행지점 코드/3자리
(BRANCH CODE) |

사진은 스위프트 코드 체계에 대한 것이다.

* 스위프트 코드 11자리 중 앞의 8자리까지는 반드시 있어야 하고, 뒤의 3자리는 없어도 상관이 없다.

은행의 스위프트 코드를 읽어보자

다음의 예시를 통해 스위프트 코드에 대해 이해하도록 하자.

〈우리은행 스위프트 코드〉

HVBK KR SE XXX
①　　　　②　　　　③　　　　④

해설

① HVBK: 우리은행의 은행 코드 4자리다. 우리은행의 영문 이름은 WOORI BANK이지만, 우리은행 이전 이름이 한빛은행이었고 그때 영문 이름이 HANVIT BANK였기 때문에 그때 은행 코드인 HVBK를 아직 쓰고 있다.

② KR: 국가 코드로 당연히 KOREA를 의미한다.

③ SE: 지역 코드로 SEOUL을 의미한다.

④ XXX: 지점 코드인데 따로 쓰지 않고 XXX로 처리하고 있다.

에서 만든 코드를 말한다.

스위프트(SWIFT)는 Society for Worldwide Interbank Financial Telecommunications의 약자로 우리말로는 전 세계 은행 간 금융통

신협회를 말한다. 스위프트에서는 은행 관련 다양한 업무를 수행하는데, 그 중 하나가 스위프트 코드 혹은 비아이씨를 만드는 것이다.

비아이씨(BIC)는 Bank Identification Code의 약자로 은행식별코드라고도 한다. 비아이씨를 스위프트에서 만들었다고 해서 스위프트 코드라고도 하며, 실무에서도 거의 스위프트 코드라 한다.

스위프트 코드는 총 11자리 영문으로 구성되는데, 4자리의 은행 코드(BANK CODE), 2자리의 국가 코드(COUNTRY CODE), 2자리의 지역 코드(LOCATION CODE) 그리고 3자리의 은행지점 코드(BRANCH CODE)가 있다.

해외송금과 입금은 어떻게 하나?

국내에서 은행을 통해 돈을 받기 위해서는 기본적으로 은행계좌를 개설해야 한다. 마찬가지로 해외의 수입업자로부터 은행을 통해 입금을 받기 위해서는 은행계좌를 개설해야 하는데, 이때 은행에서 외국돈을 받을 수 있는 외화계좌를 개설하면 된다. 그리고 은행으로부터 스위프트 코드와 계좌번호, 영문 은행주소와 국가번호까지 기재된 은행전화번호를 받아서 BANKING INFORMATION이라는 제목으로 기재해 바이어에게 메일로 통지하면 된다. 보통 피아이(P/I)나 견적서 등에 BANKING INFORMATION을 기재해 바이어에게 통지한다.

▼ 수입업자가 송금해 수출업자가 입금을 받는 과정

〈해설〉

① 수출업자는 수입업자에게 수출업자의 계좌번호와 스위프트 코드
   등이 있는 BANKING INFORMATION을 팩스나 메일로 보낸다.

② BANKING INFORMATION을 받은 수입업자는 외화송금 신청서
   를 작성한 후 송금신청서와 물품구매 계약서를 은행에 제출해 송
   금을 요청하도록 한다.

③ 수입업자 은행은 BANKING INFORMATION에 적혀 있는 은행
   계좌로 수입대금을 송금한다.

④ 수입업자 은행이 송금한 후 remittance details라는 서류를 수입
   업자에게 보내준다. remittance details에는 은행이 언제 누구에게
   얼마를 송금했는지에 대한 내용이 기재된 것으로, 수입업자는 이것
   으로 송금이 되었음을 알 수 있다.

⑤ remittance details를 받은 수입업자는 이것을 팩스나 이메일로
   수출업자에게 보내 송금이 되었음을 확인해준다. 하지만 수출업자
   는 돈이 통장에 들어오기 전까지는 돈이 들어온 것이 아님을 알아
   야 한다.

⑥ 추후 수출업자 거래은행으로 외화가 들어왔음을 은행의 외환계 직

SEGERYO CO.,LTD.

DOBONGRO-2 SEOUL, KOREA
Phone: +82-2-000-0000   Fax: +82-2-000-0001   email: abc@bde.com

PROFORMA INVOICE

TO: ABC COMPANY
Attention: MR. CHRIS HEMSWORTH
Phone: 61-1-000-1234

DATE: AUG, 2-, 2019
NO.: PI_A_03
Fax: 61-1-0000-1235

We are pleased to quote as follows.

ITEM no	Description	Q'ty	Unit price (USD)	Amount (USD)	Remarks
A31EB	TV portable	100	100.00	10,000.00	
Total		100	FOB KOREA	10,000.00	

BANKING INFORMATION

Beneficiary name; : SEGERYO CO.,LTD.
Beneficiary bank name : DREAM BANK
Bank account : 1234545545443
Swift code : DRBKKRSE
Beneficiary bank address : DOBONGRO-2 SEOUL KOREA
Beneficiary bank phone no : +82 2 001 0003

SIGNED BY:

SEGERYO CO.,LTD.

BANKING INFORMATION이 기재된 프로포마 인보이스의 모습이다. 사각형 안의 것이 BANKING INFOMATION이다.

원이 알려준다. 금액에 따라서 은행은 왜 이 돈이 들어오는지에 대해 설명할 수 있는 서류를 수출업자에게 요구하기도 한다.

기본적으로 BANKING INFORMATION에는 앞의 프로포마 인보이스처럼 Benefiiary name(해외송금을 받는 수출업자), Beneficiairy bank name(수출업자 거래 은행), Bank account(계좌번호), Swift code(스위프트 코드), Beneficiary bank address(수출업자 거래은행 주소)와 Beneficiairy bank phone no(수출업자 거래은행 전화)가 있어야 한다.

송금을 위해 송금신청서를 작성해보자

해외송금은 국내송금과 마찬가지로 온라인으로도 가능하며, 용지를 작성한 후 은행에 제출해 송금하기도 한다. 기업은행 송금신청서로 송금신청서를 작성해보자.

〈해설〉

① **송금사유**: 우리나라를 나가는 모든 사람이나 모든 물건은 나라를 나갈 때 신고를 해야 한다. 돈도 마찬가지로 신고를 해야 하므로 이곳에 돈을 보내는 이유를 작성하면 된다.

② **품목(HS CODE)**: 우리나라를 나가거나 들어오는 모든 물건은 세관

194

외화송금신청서(APPLICATION FOR REMITTANCE)

[거래외국환은행 지정(변경)신청서 및 외화지급신청서 겸용]

팀원	실명확인	책임자

(존재인적란)

■ 본인은 귀 행 영업점에 비치된 외환거래 기본약관을 열람하고 그 내용에 따를 것을 확약하며 다음과 같이 송금 신청합니다.
I/We certify that I/we observe the General Terms and Conditions of Foreign Exchange Transactions and request you to make remittance as follows.

① 송 금 사 유 (Reason For Remittance)	수입물품대금		받으시는분과의 관계 (Relationship with Beneficiary)		
송 금 액 (Amount)	(USD) 10,000,00		지정항목 (Assigned Item)	신고수리번호 (Declaration No.)	
송 금 방 법 (Send By)	국 내(Domestic) : □ 국내송금(T/R) □ 금결원송금				
	해 외(Oversea) : ☑ 전신송금(T/T) □ 송금수표(CRS) □ 기타송금서비스( )				
반복송금번호 (Prior Ref. No.)	③	해외은행수수료부담 (Overseas Charges Paid By)		☑ 수취인(Beneficiary) □ 신청인(Applicant)	
수입대금 미화2만불 초과의 경우 기재 (Import amount above USD 20,000)	② 품 목 (H.S. Code) 0000,00-0000	L/C또는 계약서 번호 (L/C or Contract No.) CO_E_05		대응수입 예정일 (Expected Import Date)	

보내는분	성명 또는 상호 (Applicant Name)	한 글 (KOREAN)	(주)세계로	
		영 문 (ENGLISH)	SEGERYO CO.,LTD.	
	주민(사업자)번호 (I.D No.)	111-11-11111	여권번호(외국인, 재외동포) (Passport No.)	
	주 소 (Address)	서울시 도봉로2가		(☎) 02-000-0000

받으시는분	계좌번호(또는 IBAN CODE) (Beneficiary's Account or IBAN CODE)	000-00-0000-000		
	성 명 (Beneficiary Name)	ABC COMPANY	국 적 (Nationality)	AUSTRALIA
	주 소 (Address)	12 SOUTH VIEW, SUNSHINE WEST, VIC,0000,AUSTRALIA		(☎) 61-0-0000-0000

받으시는분	받으시는분 거래은행 정보 (Beneficiary's Bank)			
	④ BIC(SWIFT) CODE	AUBKAUVC	수취은행 고유번호 (ABA/BSB/SORT/ETC No)	수취은행 소재국 (Bank's Country)
	은행명·주소 (Name & Address)	AUSTRALIA BANK 21 NORTH VIEW, SUNSHINE WEST, VIC,0000, AUSTRALIA		중계은행 BIC CODE (Intermediary Bank's BIC)
	추 가 정 보			

이란, 북한 등 제재대상자, 국가와의 직·간접 거래여부		□ 여 ☑ 부
해외여행경비 등의경우기재	해외여행경비	지정확인번호
	해외이주비 :	지정일자

■ 본인은 금융실명거래 및 비밀보장에 관한 법률 제4조 2에 의거 명의인에게 통보 없이, 본인의 정보는 귀 행에 개설된 계좌번호정보를 본 거래를 취급하는 해외금융기관에 제공하는데 동의합니다.
I/We hereby agree to provide my/our personal information or my/our account information with your bank to overseas Financial institutions handling the transaction without notifying the nominal person in accordance with the Article 4-2 of the Act on Real Name Financial Transactions and Guarantee of Secrecy.

■ 본인은 귀 행을 □ 거주자의 지급증빙서류 미 제출 지급 □ 해외 체재비 □ 외국인 또는 비거주자의 국내보수 항목을 위한 거래외국환은행으로 지정하고자 합니다.
I/We hereby designate my bank as my/our correspond □bank of □Payment without evidential documents by residents□ □ overseas sojourn expenses □ payment of wage incomes by foreigners and non-residents)

■ 본인은 위 명기된 정보가 제재 대상자, 국가 등과 관련된 경우, 해당거래 또는 관련 수취은행앞으로 지급중지 요청을 하는데 동의합니다.
I/We hereby agree to reject the remittance or send 'stop payment message' to paying bank if the information above comes under that of sanctioned entities or countries.

신청인(APPLICANT) : (주) 세계로	(인 또는 서명)	대리인(AGENT) : ⑤	(인 또는 서명)
위 거래외국환은행 지정 사실을 확인합니다.		년 월 일 (인)

※ 본 신청서는 외국환통계자료로 활용하며 과세자료로 국세청에 통보될수 있습니다.
※ 본 신청서는 대외지급수단의 휴대반출에 따른 근거서류로 활용할 수 없습니다.

보존기간 : 5년

|||||||||||| (barcode) ||||||||||||

(국용019) (210x297)(모조100)(2018,1개정) (출급번호927169) (2018,1미정)

IBK 기업은행

해외송금을 하기 위해 송금신청서를 작성한 모습이다.

의 검사를 받는데, 사람에게 주민등록번호가 부여된 것처럼 세관에서
는 물건에 대해 물건 이름이 아닌 번호를 부여한다. 이 번호가 HS코
드인데, 그 번호를 여기에 기재하면 된다.

③ **해외은행 수수료 부담:** 송금을 한다는 것은 은행 직원이 해외로 돈
을 가지고 가서 해외의 은행 직원들에게 전해주는 것이 아니다. 모두
전산으로 숫자만 오고가는 것이다. 그리고 이 숫자가 오고가는 것을
중간에서 중개해주는 은행이 있는데, 이 은행에 대한 수수료를 누가
부담할지를 표시하면 된다. 수취인(BENEFICIARY)이 부담하면 수
취인 란에, 신청인(APPLICANT)이 부담하는 경우 신청인 란에 표시
하면 된다. 이러한 비용은 수출업자와 수입업자가 협의하면 된다.

④ **BIC(SWIFT) CODE:** 은행 스위프트 코드를 기재하면 된다. BIC는
은행의 주소를 요약한 것이라 보면 된다.

⑤ **명판과 도장찍기:** 신청서를 모두 작성했으면 명판과 도장을 찍어 은
행에 팩스로 보내면 된다.

동영상으로 명쾌하게 이해한다
송금신청서 작성 방법

입금이나 송금에는 증빙서류가 필요하다

우리가 해외로 가기 위해 비행기가 있는 공항에 갔을 때, 비행기를 타기 전 출국심사를 받는다. 그리고 국내에 들어올 때는 입국심사를 받는다. 이때 여권 같은 나를 증명할 수 있는 신분증이 있어야 한다. 외국인인 경우에는 여권 외에 비자가 필요하기도 하다.

물건의 경우에는 수출이나 수입시 수출신고나 수입신고를 해 세관의 물품검사를 받는다. 이는 해외로 보내는 송금이나 국내로 입금되는 돈도 예외 없이 국가의 검사를 받는다.

물건이나 사람의 경우 그 자리에서 신고를 하지만 돈의 경우에는 은행에 증빙서류라는 것을 제출한다. 즉 해외로 송금하거나 해외에서 돈이 들어올 때 금액에 따라 은행은 물품대금으로 돈을 받는 수출업자에게 혹은 물품대금으로 돈을 보내는 수입업자에게 왜 이 돈이 들어오고 나가는지에 대한 증빙서류라는 것을 요구한다.

증빙서류에서 증빙이라는 단어를 사전에 찾아보면 '신빙성 있는 증거로 삼음'이라 되어 있다. 즉 증빙서류는 믿을 만한 서류를 말한다.

해외에서 돈이 들어올 때 은행은 수출업자의 외화계좌에 돈을 넣기 전에 수출업자에게 왜 이 돈이 들어왔는지에 대한 증빙서류를 요구한다. 그리고 해외로 송금할 때도 은행은 송금신청서와 함께 증빙서류를 요구한다.

이때 증빙서류는 돈이 나가고 들어오는 이유를 설명하는 서류면 된다. 예를 들어 수출에 대한 해외입금이면 인보이스나, 피아이, 계약서 등을 증빙서류로 은행에 제출하면 된다.

수입에 대해서도 해외 송금이므로 수출업자로부터 받은 인보이스나 계약서 등을 은행에 제출하면 된다.

은행은 증빙서류를 모아두었다가 감독기관 감사 때 모아둔 증빙서류를 제출하기도 한다.

어음과 유사한 신용장으로
물건을 구매해보자

신용장은 수입업자가 물품대금 결제를 못할 때 은행이 대신 결제하겠다는 보증서다. 이 말은 은행은 아무 업체에게나 신용장을 발행해주지 않는다는 의미로도 해석될 수 있다.

신용장을 발행해서 수출업자에게 보내보자

신용장은 실무에서는 엘씨(L/C)라고도 많이 부른다. 앞에서도 설명했 듯이 은행이 수입업자의 결제를 보증하는 것이다. 쉽게 말해 수입업 자가 물품대금을 결제하지 못하면 은행이 대신 결제를 해준다는 말이 다. 신용장이 발행되면 수입업자는 당장 물품대금을 결제하지 않아서 좋고, 수출업자는 은행이 결제를 보증하므로 마음 놓고 제품을 생산 해서 수입업자에게 보낼 수 있다.

그렇다면 은행에게 신용장은 어떤 이익이 있을까? 세상에 공짜가 어디 있겠는가? 은행은 신용장을 발행하면 수수료를 받는다. 신용장으로 결제를 보증받을 수 있는 기간은 무한대가 아니며, 기간이 너무 길면 은행에서 기간에 따라 수수료를 또 부과하기도 한다.

이와 같이 은행을 통해 신용장을 발행하는 경우 수수료가 발생하는데, 이러한 은행 수수료 때문에 30대 70, 즉 보증금 30%를 송금받고 나머지 물품대금의 70%는 물건을 보낸 후 송금 받는 등의 현금분할 송금방법을 쓰기도 한다. 이러한 점을 참고해 은행에 수수료율 등을 확인한 후 결제방법을 선택해야 한다.

신용장은 수입업자가 물품대금을 결제하지 못할 경우에 은행이 결제를 대신하겠다는 보증서다. 즉 은행은 아무 업체에게나 신용장을 발행해주지 않는다는 말이다. 은행 입장에서는 어느 정도의 수수료만 받고 나중에 몇 십만 달러어치 물건값을 대신 결제해줘야 하는 상황이 생길 수도 있으므로 기존 거래업체가 아니면 원칙적으로 신용장을 발행해주지 않는다. 은행이 신용장을 발행하는 경우에는 신용장발행신청을 하는 수입업체의 신용도를 확인한다는 것을 알아두자.

신용장 발행 자격이 되는 업체의 경우, 신용장 발행을 위해 일단 은행의 신용장 발행신청서를 작성해야 한다. 작성된 신용장 발행신청서에 따라 은행은 신용장을 발행하는데, 이때 신용장을 발행하는 은행을 개설은행 혹은 발행은행이라 하며 영어로는 OPENING BANK라 한다.

개설은행은 발행한 신용장을 전산으로 수출지의 은행으로 보낸다. 수출지 은행은 전산으로 받은 신용장을 출력해 수출업자에게 신용장이 도달했음을 통지하고, 수출업자는 도착된 신용장을 수수료를 지불하고 인수한다. 이때 수출업자에게 신용장이 왔음을 통지하고 전달하는 은행을 통지은행이라 하며, 영어로는 ADVISING BANK라 한다.

신용장을 인수한 수출업자는 수입업자가 결제하지 못해도 은행이 결제하므로 안심하고 제품생산이나 준비를 하게 된다.

이 과정을 도표로 보면 다음과 같다.

Importer/수입업자

 수입업자는 신용장 발행신청서를 작성해 은행에 제출한다.

Bank/opening bank/개설은행/발행은행

 신용장 발행신청서를 받은 은행은 신용장을 발행해 전산으로 수출지로 보낸다. 이때 은행이 신용장을 발행 혹은 개설한다고 해서 이 은행을 발행은행 혹은 개설은행이라 한다.

Bank/advising bank/통지은행

 은행은 전산으로 받은 신용장을 출력해 수출업자에게 신용장을 찾아가라고 통지한다. 신용장이 왔음을 알려준다고 해 통지은행이라 한다.

Exporter/수출업자

* 신용장을 찾아가라고 통지받은 수출업자는 수수료를 지불하고 신용장을 인수한다.

** 신용장을 통지해주는 은행은 수출업자 거래은행이 아닌 개설은행 지점이거나 관계은행인

　경우도 있다.

 동영상으로 명쾌하게 이해한다
신용장에 대해 알아보자

신용장 발행신청서에 대해 알아보자

다음은 우리은행의 신용장 발행신청서 양식이다. 아무래도 무역에서 쓰이는 양식이라 내용이 낯설고 익숙하지 않은데, 이번 기회에 잘 알아두도록 하자. 해당 양식은 우리은행 홈페이지의 '고객광장'을 클릭해서 나오는 '서식/약관/자료실'을 참조하면 된다.

〈해설〉

① 취소불능화환신용장 발행신청서(Application for Irrevocable Documentary Credit): 영어를 우리말로 옮겨놓은 것도 어렵기는 마찬가지다. 취소불능화환신용장에서 '취소불능'은 말 그대로 반드시 해야 한다는 말이다. 화환은 Documentary를 번역한 것으로 서류가 '첨부된다', 즉 서류가 있어야 한다는 말이다.

우리가 지금 배우는 신용장은 수입업자의 요청으로 은행이 발행하는 것으로, 신용장에는 요청하는 서류(Documents required)라는 것이 있는데, 모두 수입업자가 수입화물을 찾기 위해 필요한 비엘, 인보이스, 패킹 등으로 구성되어 있다. 이러한 서류를 요청하는 신용장이 화환신용장, 즉 Documentary Credit이다. 이러한 서류가 필요 없는 신용장은 무화환신용장이라고 하며 Clean Credit라 한다.

② Credit no.: 신용장 번호를 말하며 이 번호는 은행이 부여한다.

③ Advising Bank: 영문 Advise는 '조언하다'라는 뜻이 대표적인데 '알려주다'라는 뜻도 있다. 즉 발행은행에서 발행된 신용장이 수출

은행용

① 취소불능화환신용장발행신청서
(Application for Irrevocable Documentary Credit)

담 당	검토자	결재권자

TO : **WOORI BANK**

1. DATE :

② ※ 1. Credit no :

③ ※ 2. Advising Bank :

용도구분 :　　　　(예시: NS, ES, NU 등)

(SWIFT CODE : 　　　　　　　　　　　　　　　　)

④ 3. Applicant :

4. Beneficiary :

⑤ 5. Amount : 　　통 화　　　　금액　　　　　　　　　　　　　　　　　　　Tolerance : + 　% /- 　%

⑥ 6. Expiry Date/place: Date 　　　　　Place 　☐ In the Beneficiary Country 　☐ Other :

⑦ 7. Latest date of shipment :

⑧ 8. Tenor of Draft : 　☐ At Sight 　(☐ Reimbursement 　☐ Remittance)
　☐ Usance 　(☐ Banker's 　☐ Shipper's 　☐ Domestic) 　　　days ☐ After sight
　　　　　　　　　　　　　　　　　　　　　　　　　　　　　　　　　　　☐ From B/L date
※ 인수은행을 지정하지 않은 Banker's Usance 건은 은행의 자금상황에 따라 Domestic Usance로 전환 개설될 수 있습니다.
　　　　　　　　　　　　　　　　　　　　　　　　　　　　　　　　　　　☐ Other :
9. For 　　% of the invoice value

⑨ **DOCUMENTS REQUIRED (46A:)**

⑩ 10. ☐ Full set of Clean (☐ on Board Ocean Bills of Lading ☐ Multimodal Transport Document) made out to the order of WOORI BANK marked
"Freight ☐ Collect ☐ Prepaid ☐ Payable as per charter party" and notify (☐ Applicant ☐ Other : 　　)
Air Waybills 　consigned to WOORI BANK marked "Freight ☐ Collect ☐ Prepaid" and notify (☐ Applicant ☐ Other : 　　)

⑪ 11. ☐ Insurance Policy or certificate in duplicate endorsed in blank for 110% of the invoice value, stipulating that claims are payable in
the currency of the draft and also indicating a claim settling agent in Korea. Insurance must include :
the institute Cargo Clause : ☐ All Risks 　☐ Other :

⑫ 12. ☐ Signed commercial invoice in 　　　　　　　　　　　　13. ☐ Certificate of analysis in

⑬ 14. ☐ Packing list in 　　　　　　　　　　　　　　　　15. ☐ Certificate of weight in

⑭ 16. ☐ Certificate of origin in 　　　　issued by

17. ☐ Inspection certificate in 　　　　issued by

18. ☐ Other documents (if any)

⑮ 19. Description of goods and/or services (45A:) 　(H.S CODE : 　　　) 　　　　Price Term :

Commodity Description	Quantity	Unit Price	Amount
Country of Origin		Total	

⑯ 20. 해상/항공 Port of loading / Airport of Departure : 　　　　　Port of Discharge / Airport of Destination :
복합운송 Place of Taking in Charge / Dispatch from···/ Place of Receipt :
Place of Final Destination / For Transportation to... / Place of Delivery :

⑰ 21. Partial Shipment : ☐ Allowed ☐ Not Allowed 　⑱ 22. Transhipment : ☐ Allowed ☐ Not Allowed

23. Confirmation : 　☐ Without
　　May add : Confirmation Charges 부담자 – ☐ Beneficiary ☐ Applicant / Confimation bank –
　　Confirm : Confirmation Charges 부담자 – ☐ Beneficiary ☐ Applicant / Confimation bank –

24. Transfer : ☐ Allowed (Transferring Bank : 　　　　　　　　　　　　　　　　　　　　　　)

25. Period for presentation in
　☐ 제시기간 : 　　　　Days / 제시조건 : ☐ after Date of Shipment
　※ 체크된 항목만 전문에 반영됩니다. 그 외 서류제시조건은 47A필드 Other conditions항목에 입력바랍니다.

Additional Conditions (47A:)

☐ All banking charges (including postage, advising and payment commission, negotiation and reimbursement commission)
outside Korea are for account of ☐ Beneficiary 　☐ Applicant
　　　　　　　　　　　　　　　　☐ Other :

☐ Stale B/L AWB acceptable 　☐ Charter Party B/L is acceptable 　☐ Third party B/L acceptable
☐ Third party document acceptable
☐ T/T Reimbursement : ☐ Allowed ☐ Not Allowed
☐ Bills of lading should be issued by
☐ (House) Air Waybills should be issued by
☐ (　　　) % More or less in quantity and amount to be acceptable.
☐ The number of this credit must be indicated in all documents.
☐ Other conditions :

※ Drawee Bank (42A:) :
※ Reimbursement Bank (53A:) :
※ 이란, 북한 등 제재 국가와의 교역(수출 등)과 관련된 거래 여부 ☐ YES 　☐ NO
※ Except so far as otherwise expressly stated, This Documentary credit is subject to the Uniform Customs and Practice for Documentary Credits (2007 Revision)
International Chamber of Commerce Publication No. 600.

위와 같이 신용장 발행을 신청함에 있어서 따른 제출할 외국환거래약정서의 해당 조항을 따를 것을 확약하며, 아울러 위 수입물품에 관한 모든 권리를 귀행에 양도하겠습니다.
※ 본건 수입과 연계된 거래가 이란, 북한 등 제재 국가와의 교역(수출 등)과 관련된 거래가 아님을 확약합니다. (제재 국가와의 교역과 관련된 경우 신용장개설이 불가합니다.)
※ 본건 신용장 MT700 전문상 제재법 위반 방지를 위한 자동문구 발송에 동의합니다.

「If the presented shipping documents include any reference to countries, regions, entities, vessels or individuals subject to any applicable international
sanctions regimes and relevant regulations imposed by governmental authorities, we shall not be liable for any delay or failure to pay, process or
return such documents.」

인감 및 원본 확인

승인신청번호		주　소	
고 객 번 호		신 청 인	(인)

수입 (4040031, 210×297) 수입신용장발행신청서 NCR지 2매 1조 (2018. 11 개정) 　　◎우리은행 18

업자의 나라에 있는 은행에 도착했음을 수출업자에게 알려주는 은행이 Advising Bank이며, 우리말로는 통지은행이라 한다. 통지은행으로부터 연락을 받은 수출업자는 은행이 요청하는 신용장 인수서류를 준비해 은행에 제출하고 수수료를 납부하며, 신용장 원본을 받는다.

④ Applicant: 신용장 발행신청자를 말하며 수입업자를 의미한다. 수입업자의 이름과 주소를 쓰면 된다.

Beneficiary: 신용장을 받는 쪽, 즉 수출업자를 의미한다.

⑤ Amount: 신용장으로 은행이 보증하는 물품대금이다. 수입업자의 물품대금을 기재하면 된다.

⑥ Expiry Date: 유효기간 혹은 만료일이다. 신용장의 보증을 무한대로는 할 수 없다. 일정한 기일까지만 은행이 보증하는 것으로 너무 길면 추가 수수료가 나오니 주의해야 한다. 수출업자는 반드시 이 유효기간 안에 서류를 제출해야 한다. 유효기간 안에 서류를 제출하지 않으면 문제, 즉 '하자'라고 한다. 이 경우 은행은 네고하지 않고 추심으로 진행한다(이것을 전문용어로 추심을 돌린다고 한다). 그리고 수입업자는 하자를 이유로 결제하지 않을 수도 있다. 이 말은 수출업자가 돈을 못 받을 수도 있다는 것이니 주의하도록 한다. 참고로 Expiry Date를 이디(E/D)라 한다.

⑦ Latest date of Shipment: 수입업자 입장에서는 언제까지 물건을 받을 수 있는지 납기가 중요한데, 이날까지는 선적을 해달라고 압박하는 것이 Latest date of Shipment이며, 우리말로는 '최종선적

일자'라 한다. 참고로 줄여서 에스디(S/D)라 한다.

이디와 마찬가지로 에스디를 못 지킨 경우 하자가 되어 추심이 진행되고, 수입업자가 원하는 선적일자를 지키지 못했다고 결제를 거부할 수 있다. 이런 경우를 대비해 에스디를 못 지킬 경우 신용장의 에스디를 변경해달라고 수입업자에게 요청해야 한다. 이디의 경우도 에스디와 마찬가지로 못 지킬 경우에는 반드시 신용장의 이디를 변경해달라고 수입업자에게 요청하도록 한다.

⑧ Tenor of Draft: Draft는 환어음이고, Tenor은 기간의 의미로 환어음의 만기일을 말한다. 즉 수입업자가 은행에 결제를 해야 하는 시점을 말한다.

환어음은 어음의 하나인데, 약속어음과는 반대의 용도다. 약속어음은 돈을 줄 사람이 발행하는 것이고, 환어음은 돈을 받을 사람, 즉 수출업자가 돈을 달라고 하면서 발행하는 어음이다. 수출업자가 돈을 받기 위해 은행에 서류를 제출할 때 수출업자가 신용장에서 요구하는 서류와 함께 제출하는 어음이 환어음이다. 환어음은 Draft인데, Bill of Exchange라고도 하며 빌(Bill)이라고도 한다.

환어음기간에는 엣사이트(At sight)라는 것과 유산스(Usance)라는 것이 있다. At sight는 본다는 말인데, 수출업자가 제출한 서류가 신용장을 발행한 발행은행에 도착해(수출업자가 은행에 제출한 서류는 신용장 발행은행으로 보내졌다가 수입업자에게 전달된다), 수입업자가 서류를 받게 되면 수입업자가 결제를 해야 하는 것이 엣사이트다.

우리말로는 수입업자가 서류를 보게 되면(일람一覽, 실제로는 서류가 도착하면), 수입업자는 결제를 하는(출급出給) 것이라고 해 일람출급이라 하며, 환어음 기간이 일람출급, 즉 엣사이트로 되어 있는 환어음을 일람출급 환어음이라 한다.

유산스는 어음기간을 말한다. 서류가 은행에 도착하면 수입업자는 바로 결제해야 하는 일람출급(엣사이트)와 달리 유산스의 경우에는 수입업자가 서류를 받고 30일 혹은 60일 등 결제를 미룰 수 있다. 원래는 결제를 하고 서류를 받아야 하지만 유산스의 경우 수입업자는 서류만 받고 결제는 나중으로 미루게 되는데, 미루어진 수입업자의 결제일까지를 은행은 이자로 계산한다.

이때 이 이자를 유산스 이자라 한다. 유산스 이자를 수입업자가 부담하는 경우 Banker's Usance라 하며, 수출업자, 즉 shipper가 이자를 부담하는 경우에는 Shipper's Usance라 한다.

Banker's Usance의 경우, 유산스 이자를 Banker(은행)이 부담한다고 되어 있지만 은행은 이 이자를 수입업자에게 부담시킨다는 점을 알아두자.

유산스를 수입업자가 부담할지 수출업자가 부담할지는 양사가 합의해 신용장 발행신청서에 표기하면 된다.

⑨ Documents required: 요구되는 서류 목록, 즉 수입업자가 수출업자에게 요구하는 서류 목록이다. 수출업자는 여기에 나와 있는 서류들을 준비한 후에 은행에 제출해 대금을 회수한다. Documents required에 나와 있는 서류들은 거의 통관 서류들로 수입업자가

물건을 회수할 때 필요한 서류들이다.

⑩ Full set of Clean에서 FULL SET은 비엘의 원본 3장을 모두 제출해달라는 것이다.

FREIGHT 부분에서 운송료를 선불로 할지(PREPAID) 아니면 착불로 할지(COLLECT)를 표시하는 곳이다. 그리고 AIRWAYBILL의 COLLECT와 PREPAID도 같은 의미다. 운송료를 어떻게 할지 표시하는 것이다.

⑪ INSURANCE POLICY는 적하보험증서를 말하는 것으로, 가격조건이 씨아이에프일 때 수입업자가 요구할 수 있다.

⑫ SIGNED COMMERCIAL INVOICE IN는 수출업자의 서명이 된 인보이스를 요구하는 것으로, IN 다음에 인보이스가 몇 부가 필요한지를 기재하면 된다.

⑬ 인보이스와 마찬가지로 필요한 패킹 수량을 기재하면 된다.

⑭ 원산지증명서(CERFITICATE OF ORIGIN)가 필요하면 앞의 체크박스에 체크를 한 후 필요한 수량을 기재하면 된다.

⑮ 수입하는 제품의 이름, 수량, 단가 등의 내역을 기재하는 곳이다. 여기서 HS코드는 세관의 품목분류번호다. HS코드는 관세사나 세관에 문의하도록 한다. PRICE TERM은 가격조건으로 이에 대해서는 '국내는 착불, 현불 그리고 해외는 인코텀즈 혹은 가격조건' 부분을 참고하자.

⑯ 출발항과 도착항을 기재하는 곳이다.

⑰ Partial Shipment는 분할 선적을 허용할지 말지를 표시하는 곳이

다. 경우에 따라서는 제품 전체를 한꺼번에 못 보내고 나눠서 보내야 할 때도 있는데, 그것을 허용할지 말지를 표시하는 곳이다.

⑱ Transhipment는 환적, 즉 화물을 다른 운송수단에 바꿔(換, 바꿀 환) 싣는(積, 쌓을 적), 즉 옮겨 싣는 것을 말하는 것이다. 환적해도 좋으면 Allowed에 표시하고, 환적을 허용하지 않으면 Not Allowed에 표시한다.

발행된 신용장은 어떻게 생겼나?

은행은 신용장 발행신청서에 의거 신용장을 발행해서 온라인으로 통지은행에 보낸다. 신용장을 받은 통지은행은 수출업자에게 신용장을 인수하라고 연락하며, 수출업자는 회사 인감도장과 명판 등을 지참해 은행을 방문한 후 수수료를 납부하고 신용장을 찾게 된다.

발행된 신용장은 숫자와 내용으로 구성되어 있다. 이는 스위프트 (SWIFT)라는 협회에서 만드는 것으로, 전 세계 은행은 신용장 발행시 스위프트에서 만든 코드를 참조한다.

참고로 스위프트에서 만든 신용장 관련 코드에 대한 더 많은 정보는 구글에서 'Documentary Credits and Guarantees - Message Reference Guide'을 찾은 후 17쪽을 참고하면 된다.

다음은 발행된 신용장 예시로, 해설과 함께 그 내용을 확인해보도록 하겠다.

AUS BANK	
27 SEQUENCE OF TOTAL	1/1
40A FORM OF DOCUMENTARY CREDIT	IRREVOCABLE
20 DOCUMENTARY CREDIT NO	ABCD1234
31C DATE OF ISSUE	190704
40E APPLICABLE RULES	UCP LATEST VERSION
32D EXPIRY OF DATE AND PLACES	190904 SOUTH KOREA
50 APPLICANT	ABC COMPANY
	21 NORTH VIEW,SUNSHINE WEST, VIC, 0000, AUSTRALIA
59 BENEFICIARY	SEGERYO CO.,LTD.
	2 DOBONG-RO, SEOUL, KOREA
32B AMOUNT	USD100,000.00
39B MAXIMUM CREDIT AMOUNT	NOT EXCEEDING
41D AVAILABLE WITH/BY	ANYBANK BY NEGOTIATION
42C DRAFTS AT	AT SIGHT
42D DRAWEE	ISSUING BANK
43P PARTIAL SHIPMENTS	NOT ALLOWED
43T TRANSSHIPMENT	NOT ALLOWED
44E PORT OF LOADING /AIRPORT OF DEPARTURE	INCHON PORT
44F PORT OF DISCHARGE /AIRPORT OF DESTINATION	MELBOURNE PORT
44C LASTEST DATE OF SHIPMENT	190820
45A DESCRIPTION OF GOODS AND/OR SERVICES	CIF MELBOURNE
	100 SETS OF TV PORTABLE
	COUNTRY OF ORIGIN : KOREA
46A DOCUMENTS REQUIRED	COMMERCIAL INVOICE IN TRIPLICATE
	PACKING LIST IN TRIPLICATE
	FULL SET OF CLEAN ONBOARD BILL OF LADING MADE OUT TO ORDER MARKED FREIGHT PREPAID

사진은 발행된 신용장의 샘플이다.

〈해설〉

- **AUS BANK:** 신용장 발행은행인 AUS BANK의 이름이 기재되어 있다. 물론 AUS BANK는 가상의 은행이고, 위 신용장도 가상의 샘플로, 참고만 하자.

- **27 SEQUENCE OF TOTAL:** 신용장의 총 건수를 이야기하는 것으로, 여기서는 1/1로 되어 총 1건임을 알 수 있다.

- **40A FORM OF DOCUEMNTARY CREDIT:** 어떤 신용장인가를 묻는 것이다. 신용장에는 다양한 종류가 있는데, 이 신용장은 IRREVOCABLE, 다시 말해 취소불능인 신용장이다. 즉 발행인이 신용장을 취소하고 싶다고 하더라도 취소할 수 없는 신용장임을 알 수 있다.

- **20 DOCUMENTARY CREDIT NO:** 신용장 번호를 말하는 것으로 여기서는 ABCD1234이다.

- **31C DATE OF ISSUE:** 신용장 발행(ISSUE)일을 말하는 것으로 여기서는 190704, 즉 2019년 7월 4일임을 알 수 있다.

- **40E APPLICABLE RULES:** 신용장 작성과 관련해 여러 가지 규칙이 있는데, 그 중 어느 규칙 아래 작성되었는지를 표시하는 곳이다. 이 신용장에 적용된 규칙은 UCP이며 최신판(LATEST VERSION)임을 알 수 있다.

- **32D EXPIRY OF DATE AND PLACES:** 신용장 보증이 끝나는 만료 기간, 즉 만기와 그 만기의 기준장소를 표시하는 곳이다. 시차라는 것이 있기 때문에 만기가 적용되는 장소를 기재하지 않으면 문제가 생길 수 있다. 여기서는 2019년 9월 4일이며 장소는 한국이다.

- **50 APPLICANT:** 신용장 개설신청자를 말하며, 여기서는 ABC COMPANY를 의미한다. ABC COMPANY의 주소도 기재되어 있다.

- **59 BENEFICIARY:** 신용장 수익자를 말하며, 여기서는 SEGERYO CO.,LTD.이다.

- **32B AMOUNT:** 은행의 결제 보장 금액이다. 여기서는 10만 달러 (USD100,000.00)임을 알 수 있다.

- **39B MAXIMUM CREDIT AMOUNT:** 최대 신용장 금액으로, 여기서 는 32B AMOUNT인 10만 달러를 못 넘게(NOT EXCEEDING) 하 고 있다.

- **41D AVAILABLE WITH/BY:** 네고가 가능한 은행을 지정하기도 하 는데, 여기서는 모든 은행(ANY BANK)에서 네고(NEGOTIATION) 가 가능하다고 되어 있다.

- **42C DRAFTS AT:** DRAFT는 환어음을 말하는 것으로, 네고시 수출 업자는 비엘과 같은 네고서류와 함께 환어음을 만들어 은행에 제출 한다. 이 환어음에는 수입업자가 결제를 해야 네고서류를 찾을 수 있는지 아니면 네고서류 인수 후 일정기간 후에 결제를 하는지가 기 재되는데, DRAFTS AT 다음에 기재된다. 즉 DRAFTS AT SIGHT 라고 적혀 있으면 수입업자는 결제를 해야 네고서류를 받을 수 있 다는 말이다.

  참고로 엣사이트(AT SIGHT)는 무역에서 일람출급이라 하는데, 서 류를 보면 결제를 해야 한다는 의미로 결제 후 서류 인수의 뜻으로 쓰인다. 서류 인수 후 일정기간이 지나 결제하면 되는 경우도 있다.

예를 들어 서류 인수 후 30일째에 결제하기로 했다면 DRAFTS AT 30DAYS AFTER SIGHT라는 표현을 쓴다. 이 신용장에서 DRAFTS AT은 엣사이트(AT SIGHT)다.

- **42D DRAWEE:** 네고때 수출업자는 환어음을 발행해서 네고은행에 제출한다. 약속어음은 돈을 빌리는 사람이 발행하는 것인 데 반해 환어음은 돈을 받을 사람이 발행한다. DRAWEE는 환어음을 받는 사람으로, 즉 환어음을 받는다는 것은 결제자라는 말이다. 이 신용 장에서는 신용장 개설은행(ISSUING BANK)이 DRAWEE로 되어 있다.

- **43P PARTIAL SHIPMENTS:** 분할(PARTIAL) 선적(SHIPMENTS) 을 말한다. 제품을 생산하다 보면 제품을 나눠서 보내야 할 때가 생 기는데 이때 분할선적을 이용한다. 분할선적을 해도 되는지의 여부 를 기재하는 곳으로, 이 신용장에서는 분할선적을 허용하지 않는다 (NOT ALLOWED).

- **43T TRANSSHIPMENT:** 환적, 즉 원래 실었던 배에서 다른 배에 옮 겨 싣는 것을 말하는 것으로 환적 여부를 표시한다. 여기서는 환적 을 허용하지 않는다(NOT ALLOWED).

- **44E PORT OF LOADING/AIRPORT OF DEPARTURE:** 화물을 선적 (LOADING)하는 항구(PORT) 혹은 화물을 실은 비행기가 출발 (DEPARTURE)하는 공항(AIRPORT)을 기재한다. 수출업자는 나 중에 이 내용에 따라 신용장에 기재된 항구 혹은 공항을 통해 화물 을 수출한다. 즉 44E에 수출지 항구 혹은 공항을 기재한다. 여기서

는 출발지로 인천항(INCHON PORT)이 기재되어 있다.

- **44F PORT OF DISCHARGE/AIRPORT OF DESTINATION:** 양하 (DISCHARGE) 항구(PORT), 즉 화물(하荷)을 내리는(양揚) 항구 혹은 수출화물의 목적(DESTINATION) 공항(AIRPORT)을 기재 한다. 즉 화물의 도착지 항구 혹은 공항을 기재하는 곳이다. 이 신용 장에서 도착지 항구는 멜버른항구(MELBOURNE PORT)다.

- **44C LASTEST DATE OF SHIPMENT:** 선적(SHIPMENT)을 위한 가장 마지막날(LATEST DATE), 즉 늦어도 여기서 기재된 날까지 는 선적을 해달라는 것이다. 이 신용장에서는 화물을 2019년 8월 20일까지는 보내야 한다.

- **45A DESCRIPTION OF GOODS AND/OR SERVICES:** 수출되는 제 품(GOODS) 혹은 서비스(SERVICES)에 대한 설명(DESCRIPTION) 을 기재하는 곳이다. 여기서는 가격조건(CIF MELBOURNE)과 제 품(TV PORTABLE), 수량(100SETS)과 원산지(COUNTRY OF ORIGIN : KOREA)가 기재되어 있다.

- **46A DOCUMENTS REQUIRED:** 수입업자가 통관 등에 필요한 서류 (Document)를 수출업자에게 요구하는(REQUIRED) 곳이다. 이 신용장에서 수입업자는 인보이스 원본 3부, 패킹 원본 3부, TO ORDER로 만들어진 클린 온보드(CLEAN ONBOARD) 비엘 전체 세트(FULL SET)를 요구하고 있으며, 운송료는 수출업자가 지불 (FREIGHT PREPAID)하기로 했다.

* TRIPLICATAE: 3부라는 말로, 2부일 때는 DUPLICAT를 쓴다.

** 클린 온보드 비엘: CLEAN ON BOARD BL을 말하는 것이다. 여기서 CLEAN은 선적중 아

무런 문제가 없었다는 뜻이고, ON BOARD는 화물이 배에 선적되었다는 의미다. 즉 CLEAN

ON BOARD BL은 아무런 손상 없이 화물이 배에 실렸음을 증명하는 비엘이라는 말이다.

*** 전체 세트: 비엘은 오리지날, 즉 원본 3세트(TRIPLICATE)로 구성되며 이것을 전체 세트

(FULL SET)라 한다. 비엘 전체 세트를 달라는 말은 발행된 오리지날 3세트 모두 달라는

뜻이다.

신용장 인수에서 네고까지, 단숨에 익혀보자

신용장은 실제로 수입업자가 결제를 못하면 은행이 해야 할 수도 있다. 그렇기 때문에 은행은 오랜 거래처로 신용상태가 좋은 업체에 한해서 신용장을 발행해준다.

신용장 인수는 필수, 서류 검토는 반드시

신용장은 은행의 일종의 지급보증이자 수입업자가 수출업자에게 요구하는 서류 등의 내용이 기재된 서류다. 그리고 수출업자는 신용장에 나와 있는 수입업자의 요구대로 서류를 준비해 은행에 제출한 후 수출대금을 받는다. 하지만 요구사항대로 서류가 제대로 준비되지 않으면 수입업자나 보증자인 은행이 결제를 거부할 수도 있다.

그러므로 신용장을 인수한 수출회사 담당자는 제일 먼저 무슨 내용이 기재되어 있는지를 파악해야 한다. 신용장은 보통 영어로 되어 있기에 영어를 잘하는 사람이 유리할 것 같지만, 신용장에 기재된 무수한 줄임말과 맥락을 알 수 없는 표현들로 인해 실제로는 영어를 잘하는 사람보다 신용장을 많이 접해본 사람이 유리하다.

내용 파악시 수입업자와 계약한 내용과 신용장 내용에 차이가 없는지 확인해야 한다. 계약 금액과 신용장 금액이 일치하는지, 기타 무리한 내용은 없는지 꼼꼼하게 살펴야 한다. 그리고 신용장 내용을 정정해야 하는 경우도 있는데, 이러한 정정을 무역에서는 어멘드라 한다. 어멘드는 은행을 통해서 해야 하며, 신용장 어멘드시에는 수수료가 발생한다.

은행을 방문해 신용장을 인수하는데, 신용장 인수시 은행마다 약간의 차이가 있지만 기본적으로 명판과 도장, 수수료가 필요하다. 기타 인수시 필요한 것은 은행이 수출업자에게 통지한다.

신용장을 인수할 때 기본 확인 사항도 잘 살펴야 한다. 또한 신용장의 전체적인 내용도 잘 파악해야 한다. 하지만 그 중에서도 필수적으로 중요한 것이 있는데, 대략적으로 다음과 같다.

APPLICANT: 누가 신용장 개설을 진행했는지 확인한다.

BENEFICIARY: 나에게 온 것이 맞는지 확인한다.

AMOUNT: 계약된 금액대로 신용장이 개설되었는지 확인한다.

LATEST DATE OF SHIPMENT: 납기 일자를 확인한다.

EXPIRY DATE: 신용장 만기를 넘지 않도록 주의한다.

DOCUMENTS REQUIRED: 수입업자가 요청하는 서류가 가능한지 확인한다.

어음에는 어음할인, 신용장에는 네고

어음이라는 것은 어음을 발행한 사람이 언제까지 돈을 주겠다는 것을 문서로 작성한 것으로, 이 문서를 갖고 있는 사람은 나중에 정해진 기간이 되면, 즉 만기가 되면 어음을 가지고 있는 사람이 은행에 어음을 제출하고 이에 은행은 어음발행인으로부터 받은 돈을 전달한다. 이를 돈을 찾아서(推, 밀 추) 가져온다(尋, 찾을 고)고 해서 추심이라 한다.

하지만 어음 만기 전에 당장 돈이 필요할 경우에는 만기가 되지 않아도 은행에 어음을 맡기고 돈을 받을 수도 있다. 이 경우 만기일까지의 기간을 이자로 계산해서 계산된 금액을 뺀 나머지를 받게 된다. 예를 들어 100만 원짜리 어음이며 만기가 10월 5일인데 9월 10일에 갑자기 돈이 필요해서 만기일인 10월 5일 전에 어음을 제출하는 경우, 10월 5일까지 이자를 뺀 나머지 금액을 받는다는 말이다. 이런 경우에 원래 금액보다 적게 받는 것을 금액을 깎는다고 해서 어음할인이라 한다.

신용장도 어음과 같이 추심을 통해 수출업자는 수출대금을 회수한다. 즉 수출업자가 신용장에서 요구하는, 즉 수입업자가 요구하는 서류를 준비해 은행에 제출하면 은행은 수입업자의 은행에 서류를 전달하고, 수입업자는 이 서류를 인수하고 물품대금을 결제한다(참고로 이 서류에는 수입업자가 수입화물을 인수하는 데 반드시 필요한 비엘이 있고, 물품대금이 기재된 인보이스 등이 있다. 이 서류로 수입업자는 화물을 통관해 인수한다). 그리고 수입업자가 결제한 돈을 나중에 은행을 통해서 수출업자가 인수하게 된다.

어음의 추심 외에 신용장에는 어음할인과 비슷한 것이 있는데 이를 네고라 한다. 네고는 negotiation에서 뒤의 말을 자른 NEGO를 뜻하는 것으로, negotiation은 일반적으로 '협상'을 의미하지만 무역에서는 '매입'이라는 용어로 쓰인다.

수출업자는 추심을 통해서 물품대금을 회수하지만, 추심의 경우에는 물품대금을 회수하는 데 여러 날이 걸린다. 그러므로 어음할인처

▼ 네고 혹은 추심을 통한 서류전달 과정

Exporter/수출업자

수출업자는 네고를 해서 바로 돈을 받거나 추심을 해서 수입업자의 결제를 기다린다.
네고: 수출업자는 네고은행에 서류를 제출하고 네고은행으로부터 대금회수. 이때 네고은행은 수입업자가 결제한 돈이 자기에게 도달할 날까지를 이자로 계산해 이자를 뺀 나머지를 수출업자에게 결제한다.
추심: 수출업자는 서류를 네고은행에 제출하고 수입업자의 결제를 대기한다.

Bank/Nego bank/네고은행 혹은 매입은행

네고서류 송부: 은행은 수출업자로부터 받은 서류를 신용장 개설은행에게 특급우편으로 보낸다.

Bank/Issuing bank/개설은행

네고서류 전달: 서류를 받은 은행은 수입업자에게 서류가 왔음을 알린다. 신용장이 엣사이트인 경우 수입업자는 결제를 하고 서류를 인수한다. 결제된 대금은 개설은행을 거쳐서 네고은행에 보내진다.

Importer/수입업자

대금결제 및 물품통관: 수입업자는 은행에 물품대금을 결제하고 네고서류를 인수한다. 인수한 네고서류는 수입에 필요한 통관서류로, 수입업자는 통관서류로 통관한 후 수입물품을 인수한다.

럼 수입업자가 결제한 돈이 수출업자 은행에 도달하는 데까지 걸리는 시간을 이자로 계산해 그 이자금액을 뺀 나머지 금액을 은행은 물품 대금으로 수출업자에게 전달한다. 이것을 무역에서는 네고라 하며, 수출업자가 은행에 서류를 넘기고 돈을 받는다 해서 '매입'이라고도 한다.

참고로 은행은 아무에게나 네고해주지 않는다는 점을 잘 알아야 한다. 어음의 경우 만기에 어음 발행인이 결제를 하면 문제가 없지만 결제를 하지 못하면 어음이 부도가 되어, 어음을 소지한 사람은 돈을 못받게 된다. 어음할인이 된 어음이 부도가 나면 은행은 다시 돈을 돌려달라고 한다. 추심이 아닌 어음할인인 경우, 은행은 부도난 어음 때문에 돈을 떼일 수도 있다.

마찬가지로 네고시에 수출물품대금을 미리 지급했는데, 어음의 부도처럼 수입업자가 결제를 하지 않는 경우에는 여차하면 은행이 돈을 떼일 수 있거나 상황이 복잡해질 수 있으므로 은행은 기존 거래처이면서 신용이 있는 업체에 한해서만 네고를 한다는 것을 반드시 참고하자.

신용장 관련 은행 수수료의 종류에 대해 알아두자

신용장은 수입업자의 결제를 은행이 보장해주는 것으로, 이를 은행이 무료로 해주지는 않는다. 즉 은행이 신용장을 발행하면 발행수수료가 부과된다. 그리고 이렇게 발행된 신용장을 통지은행에 보내게 되는데, 수출업자가 통지은행으로부터 신용장을 인수할 때 인수수수료가 발생한다.

수출업자가 비엘 등의 신용장에서 요구하는 서류를 은행에 제출하면 은행은 일정한 수수료를 빼고 물품대금을 준다. 이때 일정한 수수료에는 취급수수료, 우편료와 환가료 등이 있다.

취급수수료는 은행에서 징수하는 수수료이고, 우편료는 네고 때 수출업자가 제출한 서류를 신용장 발행은행에 보낼 때 발생하는 서류 발송비다.

환가료는 수입업자가 결제한 대금이 네고은행에 올 때까지의 기간을 이자로 환산한 것으로, 은행은 네고시 이 금액을 뗀 물품대금을 수출업자에게 주게 된다.

다시 말해 수출업자가 은행에 서류를 제출하면 은행은 다시 신용장 발행은행에 서류를 보내고, 신용장 발행은행은 수입업자에게 서류를 주고 물품 대금을 받게 된다. 신용장 발행은행은 수입업자로부터 받은 물품 대금을 네고은행에 보내게 된다. 수출업자로부터 서류를 받아서 신용장 발행은행에 서류를 보낸 후 수입업자로부터 물품대금이 네고은행에 도착하기까지의 기간을 이자로 환산한 것을 환가료라고 한다.

즉 네고은행이 대략 언제쯤 돈이 들어오겠거니 생각해서 그 기간을 이자로 부과하는 수수료를 환가료라 하며, 영어로는 EXCHANGE COMMISSION이라 한다. 네고시에 네고은행은 환가료를 제하고 물품대금을 전달하게 된다. 또한 예정된 일자보다 수입업자로부터 돈이 늦게 들어오면 은행은 지체료라는 것을 수출업자에게 다시 부과하게 된다.

이와 같이 신용장을 발행하게 되면 갖가지 비용이 발생한다. 이러한 비용 부담 때문에 신용장을 꺼리는 수출업자 혹은 수입업자의 경우에는 디에이(D/A)나 디피(D/P)를 이용한다. 디에이나 디피는 신용장처럼 네고도 가능하며 신용장보다는 비용 부담이 적다는 장점이 있다.

신용장의 종류에 대해 알아보자

신용장은 누가 받느냐에 따라 같은 신용장이라도 다르게 불리기도 하며, 용도에 따라 그 종류도 다양하다. 하지만 말이 어려워서 그렇지, 내용을 이해한다면 그리 어렵지 않을 것이다.

신용장에는 수입신용장과 수출신용장, 취소불능신용장과 취소가능신용장, 화환신용장과 무화환신용장, 양도가능신용장과 양도불능신용장 등이 있다.

수입신용장과 수출신용장

수입업자가 신용장 발행신청서를 작성하면 은행은 전산으로 발행된 신용장을 수출업자쪽 은행으로 보낸다. 이때 발행된 신용장은 수입업자가 보기에는 수입을 위해 발행된 신용장이어서 수입신용장이라고 하며, 신용장을 받은 수출업자는 나중에 네고 등 수출 관련한 신용장이므로 수출신용장이라고 한다. 이 둘의 구별이 크게 중요하지는 않지만 이론적으로 많이 언급되기에 설명했다.

취소불능신용장과 취소가능신용장

발행된 신용장은 취소가 가능한 신용장이 있고, 취소가 불가능한 신용장이 있다. 취소가 가능한지 불가능한지는 발행된 신용장을 보면 알 수 있다.

신용장에서 40A FORM OF DOCUMENTARY CREDIT(신용장의 형태)에서 IRREVOCABLE이라고 되어 있으면 취소불능신용장이고, REVOCABLE이라고 되어 있으면 취소가능신용장을 의미한다.

참고로 취소불능신용장은 IRREVOCABLE CREDIT이고, 취소가능신용장은 REVOCABLE CREDIT라 한다. 관련 내용은 '어음과 유사한 신용장으로 물건을 구매해보자'를 참고하자.

화환신용장과 무화환신용장

신용장은 은행의 보증서인데, 무역에서 신용장은 주로 은행의 물품대금결제를 보증하는 데 쓰인다. 즉 수출업자가 신용장에서 요구하는 서류(DOCUMENTARY)를 은행에 제출하면 은행이 돈을 주는 형태의 서류가 첨부되는(DOCUMENTARY) 신용장(CREDIT)이 많이 쓰이는데, 우리말로 화환신용장이라 한다. 한편 물건구매가 아니라서 첨부될 서류가 없는(CLEAN) 신용장(CREDIT)도 있는데, 이를 무화환신용장이라 한다. 주로 건설현장의 입찰보증금과 관련된 신용장이다.

양도가능신용장과 양도불능신용장

양도라는 것은 넘겨준다는 것이며, 넘겨받은 상대방은 또 무언가를 주게 된다. 예를 들어 부동산을 양도한다는 말은 많은 경우 돈을 받고 판다는 말이다. 신용장을 양도한다는 말은 무역에서 신용장을 담보로 무언가를 한다는 말인데, 보통은 이 신용장을 담보로 다른 신용장을 발행하기도 한다.

이와 같이 담보 등이 가능한 신용장을 양도가능신용장 그리고 양도가 안 되는 신용장을 양도불능신용장이라 한다. 양도가능을 무역에서는 TRANFERABLE이라 하며, 신용장의 양도가능 여부는 발행된 신용장의 40A FORM OF DOCUMENTARY CREDIT에서 TRANSFERABLE(양도가능)이 기재되어 있는지 확인해보면 된다.

이해를 돕기 위해 예를 들어보겠다. 한국의 ㈜세계로는 호주 ABC COMPANY로부터 TRANSFERABLE이 기재된 50만 달러짜리 양도가능신용장을 받았다. 일부자재를 수입해야 하는 ㈜세계로는 50만 달러짜리 신용장을 담보로 새로운 신용장을 발행할 수 있는지 거래 은행에 문의했고, 추후 수입신용장을 발행해 물품을 수입했다.

신용장에 사용되는 각종 용어에 대해 알아보자

어멘드

개정 혹은 고친다는 의미의 AMENDMENT를 의미한다. 무역에서는 신용장의 내용을 고친다는 의미다. 수출업자는 신용장에 기재된 내용대로 서류를 준비해야 네고할 때 바로 대금을 회수할 수 있다.

그러므로 기재된 내용을 파악하는 것이 중요한데, 수출업자 입장에서 문제가 있는 경우, 예를 들어 물건을 한꺼번에 못 보내고 나눠서 보내야 하는 분할선적을 해야 하는데, 신용장에 NOT ALLOWED(허용하지 않음) 등으로 되어 있으면 반드시 어멘드하도록 한다.

어멘드는 바이어와 상의하며, 어멘드 내용은 발행은행 전문을 통해 통지은행에 어멘드 내용이 전달된다. 어멘드시에도 수수료가 발행하니 참고하도록 한다.

L/G

Letter of Guarantee의 약자로 우리말로는 화물 선취보증서라 하며, 실무에서는 엘지(L/G)라 한다. 신용장이 발행된 경우, 수출업자가 네고를 해서 은행에 제출한 서류를 수입업자가 돈을 주고 인수하게 된다. 그리고 이 서류로 통관을 해서 화물을 인수하게 된다.

수출업자가 은행에 제출한 서류를 수입업자가 받기까지 일주일 정도 걸리게 되는데, 문제는 서류보다 화물이 먼저 도착하게 되는 경우다. 가까운 중국이나 일본의 경우 화물은 하루나 이틀 정도면 항구에 도착하게 되는데, 신용장하에서 서류가 아직 도착하지 않은 경우에 수입업자는 꼼짝없이 서류가 올 때까지 기다려야 한다.

이러한 불편함을 해소하기 위한 것이 엘지(L/G)다. 일반적인 경우 원본 비엘을 선박회사에 제출하고, 선박회사는 디오를 수입업자에게 준다. 이 디오는 항구에 있는 화물을 넘겨줘도 좋다는 허가증으로, 항구에서는 이 디오를 받고 화물을 수입업자에게 건네주게 된다.

하지만 네고서류인 비엘이 아직 도착하지 않은 경우, 수입업자는 은행에 보증서를 요청하게 되는데 이 보증서가 바로 엘지다. 비엘(B/L) 없이 화물을 가져가도 괜찮다는 것을 보증하는(GUARANTEE) 서류(LETTER)를 은행이 발행해준다. 선사에서는 비엘이 없더라도 은행의 보증서를 믿고 디오를 발행해준다.

이와 같이 비엘 없이 화물(貨物)을 먼저 받아도(선취先取) 괜찮다고 은행에서 보증하는 서류라 해서 엘지를 화물선취보증서(貨物先取保證書)라 한다.

하자와 언페이드

수입업자가 서류상의 문제로, 즉 하자로 결제를 거부하는 것을 언페이드라 한다. 수입업자는 신용장 발행시 수출업자에게 요구하는 사항을 신용장에 기재한다. 그리고 수출업자는 신용장에서 무리한 것이 없나 꼼꼼히 살피고, 문제가 있으면 어멘드하도록 한다.

그리고 네고를 해서 서류가 은행을 거쳐 수입업자에게 전달되는데, 만약 신용장에서 요구하는 것과 다르게 서류가 준비되었다고 수입업자가 결제를 거부하는 경우에 이것을 언페이드(UNPAID)라고 한다. 그리고 서류상 잘못을 '하자'라 하며, 이를 영어로는 DISCREPANCY 라고 한다.

예를 들어보자. 수출업자 A는 최종선적일자가 2019년 9월 20일이 었는데, 생산차질로 10월 1일에 선적했다. 비엘에는 선적일자가 10월 1일로 기재되었고, 수입업자 B는 이를 이유로(하자) 네고서류 인수를 거부하고 결제를 하지 않았다(언페이드). 수출업자 A는 생산차질 등을 설명했고, 이에 원만히 합의해 수입업자 B는 결제를 하고 네고서류를 인수했다.

소구

은행이 네고시 수출업자에게 지급한 돈을 돌려달라고(遡, 거스를 소) 요구(求, 구할 구)하는 것을 말한다. 소구가 가능한 신용장을 WITH RECOURSE CREDIT라 하며 소구가 안 되는, 다시 말해 지급한 돈을 달라고 할 수 없는 신용장을 WITHOUT RECOURSE CREDIT라 한 다. 지금은 소구 대신에 '상환청구'라는 말을 쓰기도 한다.

이해하기 쉽게 예를 들어보자. 수출업자 A는 네고후 수출대금을 인 수했고, 네고은행은 서류를 신용장 개설은행으로 보냈다. 개설은행에 도착한 서류를 검토하던 수입업자 B는 신용장에 기재한 요구했던 선 적일자보다 11일이나 늦게 선적된 것을 확인하고 서류 인수를 거부했 다. 이를 개설은행은 네고은행에 통지했고, 네고은행은 수출업자에게 네고시 지급했던 돈을 돌려달라고 요구하게 된다(소구).

UCP

Uniform and Customs and Practice for Documentary Credits 의 약자로 우리말로는 신용장 통일규칙이라 한다. 네고서류를 어떻게 검토할 것인가에 대해 규정해놓은 것으로, 상공회의소에서 판매하고 있다.

리네고

한 번 했던 네고를 다시(re) 네고하는 것을 말한다. 네고은행이 지정된 외국계은행의 경우, 국내기업의 네고를 받지 않는 경우도 있다. 이 경우 일단 국내은행에 네고를 한 다음에 지정된 외국계은행에 다시 네고를 해야 한다.

참고로 네고은행이 지정되어 있는지 아닌지는 신용장의 41D AVAILABLE WITH/BY를 보면 된다. ANY BANK가 기재되어 있으면 모든 은행(ANY BANK)에서 네고가 가능하므로 수출업자 거래은행에서 네고를 하면 된다.

네고은행이 지정된 경우의 예는 다음과 같다. '41D AVAILABLE WITH BY BIC : ABCDKRSE ABCD BANK, SEOUL BRANCH SEOUL KR BY NEGOTIATION.' ABCD 은행의 서울지점에서 네고(NEGOTIATION)하도록 신용장에서 지정하고 있다.

환어음

수출업자가 네고시 네고서류와 함께 네고은행에 제출하는 어음이

WOORI BANK

NO. _____ **BILL OF EXCHANGE** ---------------------------- KOREA

FOR ___ #REF! ___

AT _____ SIGHT OF THIS ORIGINAL BILL OF EXCHANGE (SECOND OF THE SAME TENOR AND DATE

BEING UNPAID) PAY TO **WOORI BANK** OR ORDER THE SUM OF _____

#NAME?

VALUE RECEIVED AND CHARGE THE SAME TO ACCOUNT OF _____ #REF! _____

DRAWN UNDER ___ #REF!

L/C NO. ___ #REF! _____ DATED ___ #REF!

TO. ___ #REF!

수출(4030011, 210x100) 외국환어음 내사지80g/㎡

WOORI BANK

NO. _____ **BILL OF EXCHANGE** ---------------------------- KOREA

FOR ___ #REF! ___

AT _____ SIGHT OF THIS DUPLICATE BILL OF EXCHANGE (SECOND OF THE SAME TENOR AND DATE

BEING UNPAID) PAY TO **WOORI BANK** OR ORDER THE SUM OF _____

#NAME?

VALUE RECEIVED AND CHARGE THE SAME TO ACCOUNT OF _____ #REF! . _____

DRAWN UNDER ___ #REF!

L/C NO. ___ #REF! _____ DATED ___ #REF!

TO. ___ #REF!

(4030011, 210x100) 80g/㎡

사진은 우리은행의 환어음 양식이다. 환어음은 위 사각박스 표시처럼 ORIGINAL과 DUPLICATE 등 2부로 구성된다.

228

다. 일반적인 어음은 발행자가 언제까지 돈을 갚겠다는 증서이지만 환어음은 돈을 받을 사람, 즉 수출업자가 네고시 발행해 은행(네고은행)에 제출한다. 그리고 네고은행은 수입업자로부터 돈이 들어올 때까지 기간을 이자로 환산해 그 이자를 뺀 나머지를 수출업자에게 주는데 이것을 네고라 한다. 네고는 어음거래에서 어음할인의 개념으로 이해하면 되겠다. 환어음을 영어로는 DRAFT 혹은 BILL OF EXCHANGE라고 한다.

신용장 없이 거래해보자, 디피와 디에이

은행의 지급보증인 신용장은 실제로 수입업자가 결제를 하지 못하면 은행이 해야 할 수도 있기 때문에 은행은 오랜 거래처로 신용상태가 좋은 업체에 한해서 신용장을 발행해준다. 또한 발행시 수수료가 발생하고, 신용장을 인수할 때도 수수료가 발생한다.

그래서 수수료 부담이 없으면서 은행의 신용평가도 받을 필요가 없는 결제방법이 진행되기도 한다. 여기에는 디피(D/P)와 디에이(D/A)가 있다.

수출업자와 수입업자 양측이 협상 후 합의하면 계약서를 작성하는데, 계약서에 수입업자가 통관에 필요한 서류를 기재하고, 나중에 선적 후 수출업자는 계약서에 기재된 수입업자가 원하는 서류를 준비해 은행에 제출한 후 네고를 하고 수출대금을 회수하게 된다.

그리고 은행에 제출한 네고서류는 수입업자 거래은행에 도착 후 수입업자에게 전달된다. 이때 수입업자는 계약 내용에 따라 은행에 결제를 하고 서류를 인수하거나 서류 인수만 하고 결제는 일정 기간 이후에 하기도 한다.

결제를 하고 서류를 인수하는 것을 디피(D/P)라 하고, 서류를 인수하고 결제는 일정 기간 후에 하는 것을 디에이(D/A)라 한다. 디피는 Document against Payment라 하며, 디에이는 Document against Acceptance를 말한다. 디피는 말 그대로 결제하면(against Payment) 은행이 서류를(Document) 넘겨주는 것이고, 디에이는 인수하겠다고 하면(against Acceptance) 은행이 서류를(Document) 넘겨주는 것을 말한다.

동영상으로 명쾌하게 이해한다
디피(DP)에 대해 알아보자

동영상으로 명쾌하게 이해한다
디에이(DA)에 대해 알아보자

외상으로 해외 물건 구매하기, 유산스 신용장 혹은 디에이

해외의 경우에도 국내의 결제수단과 크게 다르지 않다. 현금을 보내는 송금이 있고, 개인인 경우에는 카드로도 구매한다. 어음과 유사한 신용장과 디피 및 디에이도 있다.

신용장으로 물건을 외상으로 구매하자, 유산스 신용장

일반적으로 알고 있는 신용장의 경우, 수출업자가 제출한 네고서류가 신용장 발행은행에 도착하면 수입업자는 결제를 하고 네고서류를 받아서 통관 등을 진행한다. 즉 수입업자가 통관하기 위한 통관서류인 네고서류를 받기 위해서는 반드시 결제를 해야 한다.

이와 달리 수입업자는 네고서류만 일단 인수하고 물품대금 결제는 일정 기간 이후로 미룰 수 있는데, 이러한 신용장을 유산스 신용장이라 한다. 결제(지급 支給)를 미루는(延, 끌 연) 신용장이라 해서 연지급 신용장이라고도 하며, 영어로는 Deferred Payment L/C라고도 한다.

유산스는 어음기간이라는 뜻의 USANCE를 말하는 것으로, 30일 또는 60일짜리 어음처럼 수입업자도 서류 인수 후 30일 또는 60일 후에 결제할 수 있는 신용장을 유산스 신용장 혹은 USANCE CREDIT 라고 한다. 인수 후 결제일이 정해졌다고 해서 기한부 신용장이라고도 한다. 실무에서는 유산스 신용장이라는 말을 더 많이 쓴다. 참고로 유산스 신용장하에서 수입업자의 결제일은 30일, 60일, 90일 등으로 진행된다.

내가 받은 신용장이 기한부 신용장, 즉 유산스 신용장인지 아닌지는 신용장의 42C를 보면 알 수 있다. 유산스 신용장인 경우에는 아래와 같이 표기되어 있다.

42C DRAFTS AT: AT 60DAYS AFTER DRAFT DATE

DRAFT AT은 수입업자의 결제일을 말하는 것으로, 위 문장을 해석하면 DRAFT, 즉 환어음 발행일(DRAFT DATE) 이후 60일째에 수입업자가 결제하도록 수출업자와 수입업자가 합의했다는 뜻이다. 그리고 그 내용을 신용장에 기재한 것이다.

즉 수입업자는 서류 인수 후 환어음 발행일로부터 60일이 되는 날에 은행에 결제하면 되며, 정확한 결제일은 은행에서 알려준다. 그런데 결제일이 환어음 발행일을 기준으로 하지 않는 경우도 있는데, 다음과 같은 경우다.

42C DRAFTS AT: AT 60DAYS AFTER B/L DATE

이 신용장의 경우 환어음발행일(DRAFT DATE)이 아닌 비엘 발행일 (B/L DATE)을 기준으로 한 60일이 되는 날에 수입업자가 결제하도록 하고 있다.

> ### 일람출급신용장의 의미
> 유산스 신용장과 달리 수입업자가 바로 결제해야 네고서류 혹은 통관서류를 받을 수 있는 신용장이 있는데, 그 내용을 신용장에서 는 다음과 같이 표기하고 있다. '42C DRAFTS AT: AT SIGHT'
> 유산스 신용장처럼 기간이 기재된 것이 아닌 SIGHT가 기재되어 있다고 해서 SIGHT CREDIT라 하며, SIGHT를 우리말로 일람출급 으로 번역해 SIGHT CREDIT를 일람출급신용장이라고도 한다. 일 람이라는 것은 한 번(一, 한 일) 본다(覽, 볼 람)라는 의미로, 즉 수 입업자가 한 번 보고 바로 결제를 해야 하는 신용장이라 해서 일 람출급신용장이라 한다.

유산스 기간 동안의 이자는 누가 내는가?

유산스는 어음기간이라 했고 수입업자의 결제 연기를 의미한다. 예를 들어 비엘(B/L) 발행 후 60일(AT 60DAYS AFTER B/L DATE)의 경우, 수입업자는 선적서류를 인수하고 비엘 발행일 이후 60일째에 결제하 면 된다.

원래는 수입업자가 결제를 하고 서류를 인수해야 하지만 유산스 신용장인 경우에는 인수 후 특정한 날로 결제가 연기된다. 비엘 발행 후 60일 혹은 환어음 발행일로부터 30일 등처럼 수입업자는 결제를 미룰 수 있다.

이때 미루어진 날짜, 즉 유산스 날짜에 대한 이자를 유산스 이자라 한다. 이자를 수출업자(SHIPPER)가 부담하면 SHIPPER'S USANCE 이고, 수입업자가 부담하면 BANKER'S USANCE라 한다. BANKER 는 신용장 발행은행을 의미하지만 실제로 이 이자는 은행이 수입업자

수출업자(SHIPPER)

수출업자(SHIPPER)는 네고서류를 제출하고 네고나 추심을 통해 대금을 회수한다.
네고: 환어음 발행일 이후 60일까지의 이자를 뺀 나머지 대금을 은행으로부터 받는다.
추심: 환어음 발행일 이후 60일째에 수입업자는 결제를 하고 수출업자는 그 대금을 받는다.

네고은행

네고은행은 네고서류를 신용장 발행은행에 우편으로 보낸다.

신용장발행은행

신용장 발행은행은 네고서류를 수입업자에게 전달한다. 이때 수입업자는 물품대금 결제 없이 서류만 인수한다.

**수입업자
(CONSIGNEE)**

수입업자는 은행으로부터 서류를 인수하고 인수한 서류로 통관해 제품을 인수한다. 그리고 환어음 발행일 이후 60일째에 물품대금을 결제한다.

그림은 SHIPPER'S USANCE이며, 60DAYS AFTER DRAFT DATE일 때의 네고 및 추심상황이다.

에게 부담시키므로 표기는 BANKER'S USANCE이지만 실제로는 IMPORTER'S USANCE라 할 수 있다.

SHIPPER'S USANCE일 경우 유산스 이자, 즉 수입업자의 결제가 미루어진 기간까지의 이자를 수출업자(SHIPPER)가 부담하기로 한 것을 말한다. 이 경우 수출업자는 네고와 추심으로 물품대금을 회수할 수 있는데, 네고시에는 유산스 기간 동안의 이자를 뺀 나머지 금액을 물품대금으로 받거나 유산스 기간이 끝나는 만기까지 기다렸다가 물품대금을 받는다.

이와 달리 BANKER'S USANCE의 경우 유산스 이자를 수입업자가 부담하는 것을 말한다. SHIPPER'S USANCE의 경우 유산스 이자를 수출업자가 부담하는 것이기에 네고시 이 이자를 뺀 나머지를 받게 된다.

하지만 BANKER'S USANCE의 경우 수입업자가 이 이자를 부담하므로 수출업자 입장에서는 네고시 일반적인 SIGHT CREDIT(일람출급환어음, 수입업자는 서류 인수와 함께 물품대금 결제)와 마찬가지로 유산스 이자 부담 없이 물품대금을 받게 된다.

수출업자(SHIPPER)

수출업자(SHIPPER)는 네고서류를 제출하고 네고나 추심을 통해 대금을 회수한다.
네고 : SIGHT CREDIT와 같이 수출자는 유산스 이자 부담없이 대금을 받는다.

네고은행

네고은행은 네고서류를 신용장 발행은행에 우편으로 보낸다.

신용장발행은행

신용장 발행은행은 네고서류를 수입업자에게 전달한다. 이때 수입업자는 물품대금 결제 없이 서류만 인수한다.

**수입자
(CONSIGNEE)**

수입업자는 은행으로부터 서류를 인수하고 인수한 서류로 통관해 제품을 인수한다. 그리고 환어음 발행일 이후 60일째에 물품대금을 결제한다.

그림은 BANKER'S USANCE이며, 60DAYS AFTER DRAFT DATE일 때의 네고 상황이다.

내 신용장이 SHIPPER'S USANCE인지, BANKER'S USANCE인지 확인하는 방법

신용장에서 DISCOUNT CHARGES ARE FOR BENEFICIARY의 문구가 있으면 SHIPPER'S USANCE를 말한다. 여기서 DISCOUNT CAHRGE는 유산스 이자를 말하며 INTEREST CHARGE라고도 한다.

유산스 신용장과 유사한 디에이

디에이(D/A)는 Document against Acceptance의 약자다. 인수의사를 밝히면(against Acceptance) 서류를 인수한다는(Document) 것을 말한다. 즉 수입업자는 은행에 온 네고서류를 결제하지 않고 인수만 한 후 일정 기간 후에 물품대금을 결제하는 것으로 유산스 신용장과 유사하다.

디에이와 유산스 신용장과의 차이라면, 유산스 신용장은 은행의 지급보증이 있는데, 디에이는 수출업자와 수입업자 상호 간의 계약에 의해 진행된다.

예를 들어 수출업자와 수입업자가 물품 매매계약을 하고 그에 따른 매매계약서를 작성하면, 이 매매계약서에 신용장처럼 필요서류와 납기, 물품대금을 기재한다. 그리고 수출업자는 계약서에 기재된 각종 서류를 준비해 신용장처럼 은행에 제출하고 네고나 추심을 통해 물품대금을 받는다.

기재는 보통 D/A 90DAYS와 같이 D/A로 한다. 참고로 인수하겠다고만 하면 서류를 넘겨주는 조건이라 해서 인수인도조건 혹은 인수도라고도 한다.

디피는 일람출급신용장과 유사하다

디피(D/P)는 Document against Payment의 약자로 디에이와 달리 결제를 해야(against Payment) 네고서류(Document)를 인수할 수 있는 조건을 말하며, 일람출급신용장(SIGHT CREDIT)과 유사하다. 차이라면 은행의 보증서, 즉 신용장 발급 없이 수입업자와 수출업자 간의 계약서로 진행된다는 것이다.

신용장을 발행해 네고하기까지 갖가지 수수료가 발생하는데, 수출업자나 수입업자 입장에서는 이러한 비용이 부담될 수도 있다. 디피도 디에이와 마찬가지로 신용장 없이, 즉 은행비용 없이 계약서만으로 진행한다. 이때 계약서가 신용장을 대신하며, 수출자는 계약서에 기재된 갖가지 서류를 준비해 신용장처럼 은행에 네고나 추심을 통해 대금을 인수하게 된다.

참고로 물품대금을 결제해야 서류를 인수할 수 있다고 해서 결제인도조건 혹은 결제도라고 한다.

디피와 디에이의 차이

- 디피(D/P): Document against Payment의 약자로 결제도라고 한다.
- 디에이(D/A): Document against Acceptance의 약자로 인수도라고 한다.

무역은 말이 아닌 서류로 이야기하는 분야다. 그만큼 서류작성이 많고 중요하다. 그렇다

고 아주 엉뚱한 서류가 특이하게 작성되는 것도 아니기 때문에 너무 어려워하지 말자.

지극히 상식적인 선에서 작성되기에 이해하기 어렵지는 않을 것이다. 5장에서는 무역서

류에는 무엇이 있는지 알아보자.

무역서류, 이보다 더 쉽고 알찰 수 없다

무역은 서류로 시작해서 서류로 끝난다

무역실무자는 수출에서 수입까지 전체 과정을 조율해야 할 책임과 함께 그 과정에서 때로는 서류를 작성하고, 때로는 서류를 관련 기관에 제출해 일이 진행되도록 해야 한다.

무역 서류의 종류에 대해 알아보자

사람의 기억력에는 한계가 있고, 그 기억력이라는 것도 서로가 다를 수 있다. 분쟁의 소지를 없애고 증거를 남기기 위해 우리는 서류라는 것을 작성한다. 특히 무역에서 무역실무자는 서류를 만들 일도 많고, 서류를 받을 일도 많다.

수출입 과정을 하나하나 짚어보며 매 과정마다 필요한 서류들에 대해 대략적으로 알아보기로 하자.

수출업자로부터 항구(혹은 공항)까지 국내운송

이 단계에서 필요한 서류로는 인보이스, 패킹 등이 있다. 구체적으로 살펴보자. 항구나 공항으로 화물을 보내기 전에 수출업자는 보내는 화물의 수량과 크기 그리고 무게가 기재된 패킹 리스트(PACKING LIST)를 작성한다. 화물의 금액이 기재된 카머셜 인보이스(COMMERCIAL INVOICE) 또한 작성한다. 참고로 실무에서는 패킹리스트를 패킹으로, 카머셜 인보이스를 인보이스로 줄여서 말한다.

목적지까지 가는 운송편에 화물이 실리면 트럭운전자로부터 화물을 인수했다는 인수증을 받는다.

수출화물이 항구(혹은 공항)에 도착

이 단계에서는 인보이스, 패킹, 수출신고필증이 필요한데, 그에 대한 설명은 다음과 같다. 수출화물 수량이 확정되면 수출업자는 인보이스와 패킹을 작성한 후 이 서류를 세관에 제출해서 수출신고를 한다. 세관에서는 신고에 문제가 없으면 수출신고필증을 발행해준다. 수출신고필증이 없으면 수출업자는 화물을 배나 비행기에 실을 수 없다.

참고로 수출업자는 패킹을 국제 운송회사에게 보내는데, 운송회사에서는 이 패킹 내용을 근거로 비엘 혹은 에어웨이빌을 발행한다. 그리고 수입지에서 요청하는 경우 원산지증명서, 즉 씨오(C/O, Certificate of Origin)를 상공회의소 등에서 발행해 수입업자에게 우편 등으로 송부한다.

국제운송

이 단계에서는 비엘 혹은 에어웨이빌, 에이엔이 필요하다. 구체적으로 살펴보자. 배(혹은 비행기)가 항구(혹은 공항)를 떠나게 되면 국제운송사에서는 비엘(혹은 에어웨이빌)을 발행해 수출업자에게 전달한다. 이때 서류가 비엘인 경우 수출자는 원본을 우편으로 받고, 에어웨이빌인 경우 사본을 이메일로 받는다.

운송사에서는 또한 에이엔(A/N, Arrival Notice)이라는 도착통지서를 수입업자에게 송부한다. 에이엔에는 배가 언제 출항했고 언제쯤 도착할지에 대해 기재되어 있다.

화물이 수입지항구(혹은 공항)에 도착

이 단계에서는 수입신고필증, 인보이스, 패킹, 비엘(혹은 에어웨이빌), 원산지증명서, 통관예상자금 명세서가 필요한데, 그에 대한 설명은 다음과 같다.

화물이 수입지에 도착하게 되면 수입업자는 화물을 인수하기 위해 세관에 수입신고를 해야 한다. 수입업자가 세관에 제출하는 기본적인 서류로는 인보이스, 패킹, 비엘(혹은 에어웨이빌)이 있다. 그리고 추가로 필요한 경우에 따라 원산지증명서를 준비해야 한다. 세관의 서류 검토가 완료되면 세관에서는 수입신고필증을 발행해 수입업자에게 전달한다.

통관을 관세사를 통해 진행하는 경우 국제운송사나 관세사는 관세 등의 비용과 함께 국제 운송료 등을 취합한 통관예상자금 명세서라는 것을 발행해 수입업자에게 송부한다. 명세서에 기재된 금액을 수입회사는 관세사나 포워더에게 송부한다. 이 자금으로 관세사는 통관을 진행한다.

수입업자에게 화물 배송

이 단계에서는 정산서가 등장한다. 세관검사가 완료된 화물을 수입업자가 국내운송을 통해 인수한다. 통관시 관세사 혹은 국제 운송사는 통관에 필요한 비용을 대략적으로 계산해서 통관예상자금 명세서 등으로 수입회사에 통지하고 결제하게 한다. 그리고 통관이 완료되면 국제운송사는 통관 후 남거나 모자라는 금액 내역을 정산서로 작성해 수입회사에게 통지한다.

이와 같이 다양한 서류가 작성되거나 관련 기관에 제출된다. 보통 관세사를 통해서도 수입신고를 많이 하는데, 수입신고시 수입물품에 대한 관세 및 각종 비용을 납부한다.

통관시 세관으로부터 정확한 관세금액을 통지받은 후 수입회사로부터 그 금액을 받으면 시간이 많이 걸리므로 보통은 대략적인 금액을 관세사에게 송부하고, 나중에 차액을 정산받게 된다. 정산시 계산서 등 다양한 서류가 발행되므로 그 내역을 잘 파악해야 한다.

무역서류는 잘 받고 잘 쓰고 잘 보내야 한다

앞서의 과정처럼 제품이 수출되어서 수입될 때 갖가지 서류가 필요하다. 때로는 무역실무자가 작성해야 하고, 때로는 외부기관에 의뢰해서 받도록 해야 한다. 또한 받은 서류를 잘 가지고 있다가 이후 필요한 곳에 제출하기도 한다. 이러한 이유 때문에 얼마간의 무역실무 교육이 필요하기도 하다.

무역실무자가 작성하는 대표적인 서류로는 인보이스와 패킹이 있다. 그 외에 사유서가 있다. 인보이스와 패킹은 수출업자가 작성하는 서류로 인보이스는 commercial invoice를 의미하며 우리말로는 상업송장이라고도 한다. 실무에서는 그냥 인보이스라고 하며, 줄여서 씨아이(C/I)라고도 한다. 인보이스에 기재하는 대표적인 내용은 수출제품의 이름과 수량, 금액 등이다.

또한 수출업자가 작성하는 서류로 패킹이 있는데, 패킹은 packing list를 의미하며 실무에서는 패킹 혹은 패킹 리스트라 한다. 패킹에 기재되는 내용은 인보이스와 마찬가지로 제품명과 수량이며, 인보이스와 차이가 있다면 패킹에는 무게를 기재한다는 점이다. 패킹은 줄여서 P/L이라고도 한다.

인보이스와 패킹은 최종적으로 수출하는 제품에 대한 내역을 기재하는 것으로 수입업자에게 '이러한 제품을 보냅니다' 하는 의미로 작성해 보내는 서류이지만, 세관에서도 필요로 하는 서류다.

인보이스와 패킹은 수출지 세관뿐만 아니라 수입지 세관에서도 요청하는 서류로, 수출 혹은 수입 신고 때 수출업자 혹은 수입업자가 자기들이 수출 혹은 수입하는 제품에 대해 신고할 때 그 내역으로 인보이스와 패킹을 제출한다. 이렇게 중요한 서류이므로 수출업자 본인은 서류를 작성할 때 틀리지 않도록 각별히 신경 써서 작성해야 한다.

사유서는 말 그대로 일(事, 일 사)이 왜 그렇게 벌어졌는지에 대한 이유(由, 말미암을 유)를 적은 문서(書, 글 서)로, 세관에 무언가 정정사항이 있을 때 정정을 요청하면서 왜 정정을 해야 하는지에 대해 이유를 사유서에 적어 세관에 제출한다. 예를 들어 인보이스와 패킹을 제출해 수출신고를 하고 세관으로부터 수출신고필증을 받았는데, 제품 수량 등 서류의 기재가 잘못된 경우에는 사유서를 작성해 세관에 수출신고필증 정정을 요청한다.

이외에 수출업자가 준비하는 서류로 원산지증명서가 있다. 원산지증명서는 영문으로 Certificate of Origin이라고 쓰는데, 실무에서는 씨오(C/O)라고 한다. 상공회의소에서 발행하는 서류로 수출업자가 일정한 양식에 내용을 작성하며 상공회의소에서 발행된다. 원산지증명서는 말 그대로 수출하는 제품이 어느 나라의 제품임을 외부기관인 상공회의소에서 증명하는 서류다.

대부분의 수입제품은 수입시 세관에서 관세라는 세금을 부과하며 기본세율은 8%다. 하지만 국가 간 협상에 의해 특정한 국가에 대해서는 관세를 줄이거나 없애기로 협정을 맺는다. 이때 관세를 줄이거나 없애기로 협정한 국가에서 만든 제품임을 증명하는 서류가 씨오다.

수입업자는 수출업자가 작성하고 수출지 상공회의소에서 발행된 씨오 원본을 우편으로 받아서 수입신고시 세관에 제출하면 협정 내용에 따라 관세가 줄거나 면제되기도 한다. 관세와 관련해 중요한 서류이므로 해당된다면 수입업자는 수출업자로부터 씨오를 반드시 잘 받아서 제출하도록 해야 한다.

수출시 화물 선적 전에 수출업자는 화물에 대한 내역인 패킹을 운송회사에 제출하고, 운송회사는 화물이 배에 잘 선적되었음을 증명하는 운송장인 비엘을 발행해 수출업자에게 전달한다. 비엘은 수입업자가 화물을 인수하기 위해서 반드시 필요한 서류로, 수출업자는 우편 등으로 비엘을 수입업자에게 보낸다.

이와 같이 무역에 나오는 서류는 인보이스처럼 수출업자인 내가 작성하는 것도 있고, 원산지증명서처럼 상공회의소에서 발행하는 것도 있으며, 비엘처럼 내가 작성한 패킹을 근거로 운송회사에서 발행하는 서류도 있다. 또한 수출통관시 세관으로부터 수출신고필증을 받는데, 이를 잘 보관하고 있다가 세무서에 제출하기도 한다.

무역실무에서 서류작성도 중요하지만 남이 발행한 서류를 잘 보관하는 것도 중요하다. 또한 잘 보관하고 기억했다가 필요한 곳에 제출하는 것 역시 중요하다.

인보이스와 패킹, 통관에 필요한 2가지 서류다

무역의 기본적인 서류로 인보이스와 패킹, 비엘이 있다. 이 중 인보이스와 패킹은 무역에서 필수적인 서류들로 통관에는 없어서는 안 되는 것들이다.

수출신고 및 수입신고시 없어서는 안 될 서류, 인보이스

인보이스는 commercial invoice를 말하며 줄여서 씨아이(C/I)라고도 한다. 우리말로는 상업송장이라고도 하는데, 수출하는 물품의 가격이 기재된 무역의 대표적 서류다.

인보이스에는 대표이사의 영문사인 등을 기재해 외부적으로 인보이스에 기재된 금액이 맞다는 것을 표시한다. 인보이스는 수출업자가 최종적으로 수출하는 제품의 수량과 금액을 기재한 서류로, 수입업자에게 보내 확인시켜준다.

인보이스는 대표적으로 수출이나 수입신고 때 세관에 제출하는 서류 중의 하나다. 수출지 세관이나 수입지 세관은 자국에 들어오는 제품에 대해 그 제품이 무엇인지 검사를 하며, 검사 전에 수출업자 혹은 수입업자가 제품신고를 하기 위해 제출한 서류를 검토한다. 이때 제출하는 서류에 인보이스가 있다.

세관이 인보이스에 기재되어 있는 금액을 검토하는 이유는 수출지 세관과 수입지 세관이 조금 다른데, 그 내용은 다음과 같다.

수출지 세관은 인보이스에 기재된 수출제품에 대한 금액, 즉 수출금액의 수출통계를 내기 위해 필요하다. 즉 우리나라에서 얼마 정도의 금액이 올해 혹은 이달에 수출되었는지에 대한 통계자료를 파악하는 의미가 크다. 즉 수출이 중요한 것이다. '왜 이렇게 싸게 팔지?' 하는 것은 수출지 세관에서 그리 관심을 두지 않는 부분이다.

이에 반해 수입지 세관에게 인보이스에 기재된 금액이 너무 높아도 문제이지만 너무 낮아도 문제이다. 예를 들어 수입제품가격이 국내에서 제조되어 판매되는 제품보다 너무 싸면 수입제품 판매가 늘게 되고, 국내에서 생산되는 제품판매가 줄게 되어 국가경제로서도 좋은 상황은 아니기 때문이다.

그래서 세관에서는 늘 수입제품금액에 대해 관심을 가지고 너무 싸게 판매되는 게 아닌지 확인한다. 확인을 했을 때 제품이 너무 싸게 팔리고 있다 싶으면 너무 싸게 팔리는 수입제품에 대해 세금, 즉 덤핑방지관세를 많이 부과한다든지와 같은 수입규제조치를 시행하기도 한다.

인보이스 양식은 정해진 것이 없다

이와 같이 인보이스는 중요한 서류이지만 양식은 특별하게 정해진 것은 없다. 업체에서 필요에 따라 얼마든지 각자 회사에 맞게 작성하면 된다. 중요한 것은 제품금액이고, 대표이사의 사인을 서류에 표시하는 것이다.

정해진 양식은 없지만 꼭 들어가야 할 내용들은 있다. 예를 들어 수출제품을 누가 누구에게 보내는지와 인보이스 작성일자, 수출제품이름과 수출제품가격은 꼭 작성해야 하며, 대표이사의 사인은 반드시 첨부해야 한다.

마지막으로 중요한 사항은 서류 제일 위에 COMMERCIAL INVOICE를 대문자로 기재해 제출하는 서류가 인보이스임을 알리도록 하는 것이다.

다음은 일반적으로 인보이스에 기재해야 할 내용과 그에 대한 설명이다.

- 제목: COMMERCIAL INVOICE라고 쓰도록 한다.
- 작성일자: 인보이스 작성일자는 반드시 쓰도록 한다. 예) Aug. 25, 2019
- 인보이스 번호: 서류 작성의 기본으로, 수출건수가 많을 때 인보이스 번호가 있으면 그 번호에 대한 제품이라는 식으로 간단히 이야기할 수 있으므로 반드시 기재하도록 한다. 예) INKO01

- 보내는 사람 이름과 주소: 보내는 사람, 즉 수출업자인 SHIPPER 이름과 주소 그리고 연락처를 기재하도록 한다. 예) FROM SEGERYO CO.,LTD. 혹은 SHIPPER : SEGERYO CO.,LT.D

- 받는 사람 이름과 주소: 받는 사람, 즉 수입업자인 CONSIGNEE 이름과 주소 그리고 연락처를 기재하도록 한다. 예) ABC COMPANY

- 그 밖의 통지인: 일반택배의 경우에는 받는 사람과 보내는 사람을 기재하지만 무역에서는 받는 사람과 보내는 사람 외에 추가로 알아야 하는 사람이 있을 수 있다. 즉 물건을 받는 사람과 결제자가 다를 경우에 필요에 따라 그 결제자에게도 물건이 배송되었음을 통지해야 하는데, 그 통지대상을 인보이스에도 기재한다. 이때 NOTIFY PARTY라는 항목으로 기재하도록 한다.

  예) NOTIFY PARTY : SAME AS ABOVE – 받는 사람과 보내는 사람 외에도 물건이 배송되는 것을 알아야 할 사람이 없을 때는 '위와 같음(SAME AS ABOVE)'이라고 기재하면 된다.

- 선적항: 물건이 선적되는 곳을 표시하는 곳으로 Port of Loading을 의미한다. 예) Port of Loading : Busan, Korea

- 도착항: 화물의 배송지를 표시하는 곳으로 Final Desination이나 Port of Discharge를 말한다. 예) Final Destination : Melbourne, Australia

- 운송편: 운송하는 배나 비행기의 이름을 기재한다. 운송사에게 문의하면 된다. 예) Carrier : Dream 100W

- 출항예상일자: Sailing on or about, 즉 운송편이 출발한 날짜를 기

재한다. 예) Sailing on or about : Aug. 28, 2019

- 제품내역: 보통 제품 명세, 즉 제품에 대한 상세한 내역을 적는 것으로 Description of GOODS를 말한다. 예) Description of goods : TV 100SETS

- 수량 및 금액: 수량(QUANTITY)과 단가(UNIT PRICE) 그리고 총액(AMOUNT)을 기재한다.

- 가격조건: 인코텀즈에서 배운 가격조건을 기재한다. 기재된 제품 총액이 운송비를 포함한 것인지 아닌지에 대해 인코텀즈로 기재하도록 한다. 예) FOB BUSAN

- 대표이사 서명: 문서에는 보증이 있어야 하고, 이 서류를 보증한다는 의미로 서명, 즉 사인을 넣도록 한다. 보통은 대표이사 사인을 넣는다. 사인은 도장을 파서 스캔을 해서 쓰거나 도장을 바로 서류에 찍기도 한다.

동영상으로 명쾌하게 이해한다

인보이스 작성 방법

실제로 인보이스를 작성해보자

다음의 내용으로 실제로 인보이스를 작성해보자.

제목 : COMMERCIAL INVOICE

작성일자 : Aug. 25, 2019

인보이스 번호 : ABE13WE

보내는 사람 이름과 주소(SHIPPER) : SEGERYO CO.,LT.D

DOBONGRO-2 SEOUL, KOREA

TEL : 82-2-000-0000

FAX : 82-2-000-0001

받는 사람 이름과 주소(CONSIGNEE) : ABC COMPANY

MELBOURNE, 00000, AUSTRALIA

TEL: 61-3-0000-1234

FAX: 61-3-0000-1235

그 밖의 통지인 : NOTIFY PARTY : SAME AS ABOVE

선적항(Port of Loading) : Busan, Korea

도착항(Final Desination) : Melbourne, Australia

운송편(CARRIER) : Dream 100W

출항예상일자(Sailing on or about) : Aug. 28, 2019

제품내역(Description of GOODS) : TV PORTABLE

수량 및 금액

SEGERYO CO.,LTD.

COMMERCIAL INVOICE

1. Shipper/exporter SEGERYO CO.,LTD. DOBONGRO-2 SEOUL, KOREA TEL: 82-2-000-0000 FAX: 82-2-000-0001	8. No. & Date of Invoice ABE13WE AUG, 25, 2019 9. Order No. INK001
2. For Account & Risk of messes ABC COMPANY MELBOURNE, 00000, AUSTRALIA TEL: 61-3-0000-1234 FAX: 61-3-0000-1235	10. Remarks
3. Notify Party Same as above	

4. Port of Loading	5. Final Destination
Busan Port, Korea	Melbourne, Australia
6. Carrier	7. Sailing on or about
DREAM 100W	Aug, 28, 2019

11. Description of Goods	12. Q'ty/Unit	13. Unit price	14. Amount
TV PORTABLE	100 SETS	US$ 300.00	US$ 30,000.00

TOTAL AMOUNT TV PORTABLE 100 SETS		FOB BUSAN	US$ 30,000.00

SIGNED BY:

Kmwainka

SEGERYO CO.,LTD.

사진은 작성된 인보이스이다. 위 사각박스 안에 대표자 서명이 기재되어 있다.

QUANTITY : 100SETS

Unit price : US$300.00

AMOUNT : USD$30,000.00

가격조건 FOB BUSAN

수량과 크기 등을 기재한다, 패킹

세관에서는 기본적으로 수출 혹은 수입되는 제품의 금액과 수량 및 크기를 필요로 한다. 수출자가 그러한 내용을 기재한 서류를 제출하면, 세관은 서류를 검토하고 필요하면 컨테이너를 열어서 실제 제품을 검사한다.

수출업자 혹은 수입업자는 수출제품 혹은 수입제품을 세관에 신고하는데, 수출입제품의 금액은 인보이스라는 서류에 화물의 크기는 패킹이라는 서류에 기재하며 작성은 수출업자가 한다.

수출업자가 작성한 패킹을 필요로 하는 곳은 수입업자와 세관 외에 국제운송사도 비엘 혹은 에어웨이빌 작성을 위해 수출업자에게 패킹을 요청한다.

이에 수출업자는 팩스 혹은 이메일이나 카톡으로 패킹을 보낸다. 국제운송사는 패킹 내용을 비엘 등에 기재한 후 체크빌을 작성해수출업자에게 보내 작성내용을 확인받고 비엘을 발행하기도 한다.

인보이스와 패킹의 대표적인 차이는 금액이나 화물 크기(수량) 등을 작성한다는 것이고, 그 외에 두 서류는 기재하는 양식이 거의 비슷하다. 보통은 인보이스와 패킹을 각각 기재하지만 한두 가지 외에는 두 양식이 거의 같기 때문에 인보이스와 패킹을 한 장에 모두 기재하기도 한다.

패킹도 인보이스와 마찬가지로 반드시 이러한 양식이어야 한다는 것은 없다. 필수적인 내용만 기재한다면 어떤 양식을 사용해도 상관없다. 다음은 패킹에 기재되는 내용이다.

- 제목: PACKING LIST라고 쓴다.
- 작성일자: 패킹 작성일자는 반드시 쓴다. 예) Aug. 22, 2019
- 패킹번호: 서류작성의 기본으로 수출건수가 많을 때 패킹번호가 있으면 그 번호에 대한 제품이라는 식으로 간단히 이야기할 수 있으므로 반드시 기재한다. 예) INKO01
- 보내는 사람 이름과 주소: 보내는 사람, 즉 수출업자인 SHIPPER 이름과 주소 그리고 연락처를 기재한다. 예) FROM SEGERYO CO.,LTD. 혹은 SHIPPER : SEGERYO CO.,LT.D
- 받는 사람 이름과 주소: 받는 사람, 즉 수입업자인 CONSIGNEE 이름과 주소 그리고 연락처를 기재하도록 한다. 예) ABC COMPANY
- 그 밖의 통지인: 일반택배의 경우에는 받는 사람과 보내는 사람을 기재하지만 무역에서는 받는 사람과 보내는 사람 외에도 물건이 배송되는 것을 알아야 하는 사람이 있다.

즉 물건을 받는 사람과 결제자가 다를 경우 그 결제자에게도 물건이 배송되었다는 것을 통지하기도 하는데, 그 결제자 정보를 패킹에도 기재한다. 이때 NOTIFY PARTY라는 항목에 정보를 기재한다. 예) NOTIFY PARTY: SAME AS ABOVE 받는 사람과 보내는 사람 외에도 물건이 배송되는 것을 알아야 할 사람이 없을 때는 위와 같음(SAME AS ABOVE)이라고 기재하면 된다.

- 선적항 : 물건이 선적되는 곳을 표시하는 곳으로 Port of Loading을 의미한다. 예) Busan, Korea

- 도착항 : 화물의 배송지를 표시하는 곳으로 Final Desination이나 Port of Discharge를 말한다. 예) Melbourne, Australia

- 운송편: 운송하는 배나 비행기의 이름을 기재한다. 예) Dream 100W

- 출항예상일자: Sailing on or about, 즉 운송편이 출발한 날짜를 기재한다. 예) Sailing on or about: Aug. 28, 2019

- 제품내역: 보통 제품명세, 즉 제품에 대한 상세한 내역을 적는 것으로 Description of Goods를 말한다. 예) TV 1000 SETS

- 수량, 무게 및 크기: 수량(QUANTITY), 제품무게(NET WEIGHT)와 포장까지 했을 때의 무게(GROSS WEIGHT)를 기재한다. 엘씨엘일 경우에는 화물 크기도 기재한다.

- 가격조건: 적을 필요없다.

- 쉬핑마크: 쉬핑마크(SHIPPING MARK)는 포장된 제품에 표시를 하는 것으로, 엘씨엘일 때 수출포장된 겉면에 특정한 표시를 해두는 것이다.

엘씨엘이라는 말은 한 개 컨테이너에 여러 개 회사의 화물과 같이 내 화물이 실린다는 말이다. 즉 다른 회사 화물과 구분하기 위해 표시를 하는데 이를 무역에서는 쉬핑마크라 한다.

패킹에 있는 쉬핑마크를 보고 해당 회사의 제품임을 알 수 있다. 참고로 쉬핑마크를 화물(貨, 재화 화)에 찍은 도장(印, 도장 인)과 같은 표식이라 해서 화인이라고도 한다. 보통 A4 종이에 다이아몬드를 그리고, 그 그림 속에 특징적인 내용을 적기도 한다.

• 대표이사 서명: 문서에는 보증이 있어야 하고, 이 서류를 보증한다는 의미로 서명, 즉 사인을 넣도록 한다. 보통은 대표이사 사인을 넣는다. 사인은 도장을 파서 스캔을 해서 쓰거나 도장을 바로 서류에 찍기도 한다.

동영상으로 명쾌하게 이해한다
패킹 작성 방법

이번에는 패킹을 작성해보도록 하자

다음의 내용으로 실제로 패킹을 작성해보자.

제목 : PACKING LIST

작성일자 : Aug. 22, 2019

패킹번호 : ABE13WE

보내는 사람 이름과 주소(SHIPPER): SEGERYO CO.,LT.D

　　　　　　　　　　　　　DOBONGRO-2 SEOUL, KOREA

　　　　　　　　　　　　　TEL : 82-2-000-0000

　　　　　　　　　　　　　FAX : 82-2-000-0001

받는 사람 이름과 주소(CONSIGNEE): ABC COMPANY

　　　　　　　　　　　　　MELBOURNE, 00000, AUSTRALIA

　　　　　　　　　　　　　TEL : 61-1-0000-1234

　　　　　　　　　　　　　FAX : 61-1-0000-1235

그 밖의 통지인 : NOTIFY PARTY : SAME AS ABOVE

선적항(Port of Loading): Busan, Korea

도착항(Final Desination): Melbourne, Australia

운송편(CARRIER): Dream 100W

출항예상일자(Sailing on or about): Aug. 28, 2019

제품내역(Description of GOODS): TV PORTABLE

수량 및 무게

　QUANTITY : 100SETS

　NET WEIGHT : 500KG

　GROSS WEIGHT : 700KG

쉬핑마크:

SEGERYO
BOX No.1~100

SEGERYO CO.,LTD.

PACKING LIST

1. Shipper/exporter SEGERYO CO.,LTD. DOBONGRO-2 SEOUL, KOREA TEL: 82-2-000-0000 FAX: 82-2-000-0001	8. No. & Date of Invoice ABE13WE AUG, 22, 2019 9. Order No. AEG 21
2. For Account & Risk of messes ABC COMPANY MELBOURNE, 00000, AUSTRALIA TEL: 61-3-0000-1234 FAX: 61-3-0000-1235	10. Remarks
3. Notify Party Same as above	

4. Port of Loading Busan Port, Korea	5. Final Destination Melbourne, Australia
6. Carrier DREAM 100W	7. Sailing on or about Aug, 28, 2019

11. Description of Goods	12. Q'ty/Unit	13. P/Unit	14. Amount
TV PORTABLE	100 SETS	500KG	700KG

◇ SEGERYO BOX No.1~100

TOTAL AMOUNT TV PORTABLE	100 SETS		700KG

SIGNED BY:

Kimusinpe

SEGERYO CO.,LTD.

사진은 작성된 패킹이다. 위 사각박스 안에 대표자 서명이 기재되어 있다.

상공회의소에서 발행하는
서류에 대해 알아보자

상공회의소에서 발행하는 서류에는 여러 가지가 있는데, 여기에는 대표적으로 원산지증
명서가 있다. 그리고 수출업자 등이 발행한 서류에 대해 상공회의소의 인증을 받기도 한다.

원산지증명서와 인보이스 인증

무역서류에는 수출업자 혹은 수입업자가 작성해 제출하는 서류가 있
고, 외부기관을 통해 발행하는 서류가 있다. 외부기관이 발행하는 서
류에는 국제운송회사가 배나 비행기에 화물을 실은 후 발행하는 비엘
과 에이웨이빌이 있다. 그리고 수출 혹은 수입 신고 후 세관에서 발행
하는 수출신고필증 또는 수입신고필증이 있다.

　그리고 상공회의소라는 기관에서 발행하는 서류가 있는데 여기에
는 대표적으로 원산지증명서가 있고, 수출업자 등이 발행한 서류에 대
해 상공회의소 인증을 받기도 한다.

원산지증명서를 발급해보자

원산지증명서는 영어로 Certificate of Origin이라 하며, 실무에서는 줄여서 씨오(C/O)라고 한다. 원산지증명서가 필요한 곳은 주로 수입지 세관으로 수입업자가 수입화물에 대해 신고할 때 관세를 줄이거나 없앨 때 이용한다.

원산지증명서에서 원산지는 제품이 생산되거나 만들어진 곳이 어디냐는 것으로, 그것이 어디서 생산된 것이 맞다는 사실을 생산자 자신이 아닌 상공회의소 같은 제3자가 증명하는 증명서가 원산지증명서다. 원산지증명서를 제출해 수입제품에 대한 세금인 관세를 줄이거나 면제를 받게 된다.

원산지증명서는 상공회의소 홈페이지에서 발행 가능하다. 과거에는 원산지증명서용 전용용지에 출력하도록 했으나 지금은 A4일반용지에 칼라로 인쇄하면 된다.

1 Exporter (Name, address, country) SEGERYO CO.,LTD. DOBONGRO-2 SEOUL,00000, KOREA TEL : 82-2-000-0000 FAX : 82-2-000-0001	Reference Nr. 000-00-0000000 Reference Code, 1a-00-a0aa **ORIGINAL** ## CERTIFICATE OF ORIGIN issued by **THE KOREA CHAMBER OF COMMERCE & INDUSTRY** Seoul, Republic of Korea
2 Consignee (Name, address, country) ABC COMPANY MELBOURNE, 00000, AUSTRALIA TEL : 61-1-0000-1234 FAX : 61-1-0000-1235	3. Country of Origin THE REPUBLIC OF KOREA
	5. Remarks INVOICE NO. ABE46255
4 Transport details FROM : BUSAN, KOREA TO : MELBOURNE, AUSTRALIA BY : DREAM 100W ON OR ABOUT : AUG 20, 2018	

6 Marks & numbers; number and kind of packages; description of goods	7. Quantity
TV 1000SETS	9000.00KGS

8 Declaration by the Exporter The undersigned or an authorised signatory, hereby declares that the above-mentioned goods were produced or manufactured in the country shown in box 3.	9. Certification The undersigned authority hereby certifies that the goods described above originate in the country shown in box 3 to the best of its knowledge and belief.
(Signature) *Kimwusik* (Name) PRESIDENT KIM WU SIK	*Choi* MANAGER JUNG PARK 22 AUG 2019 Authorized Signatory

사진은 발행된 원산지증명서 샘플이다.

chapter 05 무역서류, 이보다 더 쉽고 알찰 수 없다 265

상공회의소 홈페이지에서 인보이스를 인증받자

우리나라 세관을 포함해 전 세계의 모든 국가 세관에서는 자국으로 들어오는 제품에 대해 각종 증명서를 제출하도록 요구하고 있다. 거기에는 원산지증명서뿐만 아니라 수출업자가 작성하는 인보이스와 같은 서류에 대해 제3자의 인증을 받은 것 등이 있다.

서류에 인증을 받도록 하는 데는 여러 가지 이유가 있겠지만, 그 이유 중 하나로는 수입업자의 요구에 따라 수출업자가 수출신고시 인보이스와 수입업자에게 보내는 인보이스를 다르게 작성하는 것을 방지하기 위해서이다.

예를 들어 해외의 업체 중에는 수입시 관세를 줄이기 위해(관세는 수입물품가 등을 기준으로 계산된다) 원래 금액보다 적게 기재된(이를 무역에서는 언더밸류라 한다) 인보이스를 수출업자에게 요구하고, 수출업자는 이들 요구에 따라 수입업자용 인보이스를 발행하기도 한다(이는 적법한 거래 행위가 아니므로 하지 않도록 한다).

이러한 것을 막는 차원에서 수입국 세관에서는 제3자 기관인 상공회의소 등을 통해 인보이스의 내용에 문제가 없다는 인증을 요구하기도 한다.

인보이스 인증은 우리 회사에서 발행한 서류에 대해 인증을 받을 수 있으며, 이 경우 서류를 가지고 우리지역에 있는 상공회의소를 내방하도록 한다. 자세한 내용은 상공회의소 무역인증 담당자에게 문의하도록 한다.

견적서에 모든 가격정보가
다 들어 있다

견적서는 눈으로 보고 대략 계산해본다는 말로 대략적인 금액으로 상대방에게 사도록 유도하기 위한 서류다. 상대방에게 견적서를 OFFER라는 제목으로 작성하기도 한다.

견적서와 오퍼시트, 프로포마인보이스

무역을 처음 시작하는 사람들이 가장 어려워하는 부분 중 하나가 무역용어들일 것이다. 필자의 경우에도 처음 무역을 할 때 애매하게 설명되어 있거나 용어가 헷갈려 곤란했던 적이 있었다. 그 대표적인 용어 중의 하나가 오퍼와 프로포마인보이스였다.

오퍼라는 것은 OFFER를 말하며 우리말로는 청약이라 하는데, "계약(계약約)을 해주세요(청할請)"라는 말이다. 여기서 계약이라는 것은 매매계약을 말하는 것으로, 사고파는 거래를 해보자고 제안을 하는 것이다. 판매자가 사달라고 할 수 있는 것이고, 구매자가 팔아달라고 할 수 있다. 즉 판매자나 구매자 모두 제안(OFEER) 할 수 있는 것이다. 그리고 오퍼 내용이 기재된 서류를 오퍼시트(OFFER SHEET)라고 한다.

오퍼를 하면 상대방에서 오퍼한 내용을 처음부터 무조건 오케이하지는 않는다. 계약조건이 아무리 좋아도 상대방은 일단 제안된 내용을 수정해 상대방에게 보낸다. 이것을 카운터오퍼(COUNTER OFFER)라고 하며, 우리말로는 상대오퍼 혹은 반대오퍼라 한다.

반대오퍼라는 말에서 반대라는 말은 노(NO)의 개념이 아니라 상대방(COUNTER)이라는 말로 상대방이 제안한 원래의 오퍼를 수정해서 다시 오퍼하는 것을 말한다. 그리고 이렇게 오퍼가 오고가는 것을 우리는 흥정이라 한다.

참고로 파는 사람이 '이러저러한 조건으로 판매하겠습니다' 하며 구매자에게 제안을 하는 것을 셀링오퍼(SELLING OFFER) 혹은 매도(賣渡 : 팔아넘김)오퍼라고 한다. 반대로 사려고 하는 사람이 판매자에게 제안하는 것을 바잉오퍼(BUYING OFFER) 혹은 매수(買收 : 사들임)오퍼라고 한다. 이 외에 가격을 제시하는 서류로 프로포마 인보이스(PI, Proforma Invoice)라는 것이 있는데 우리말로는 견적송장이라고도 한다.

가격 제시를 위해 사용하는 오퍼시트와 견적서

오퍼시트에서 오퍼라는 말이 누군가에게 "저희 제품을 한번 보시겠습니까" 혹은 "귀사의 제품을 보여주시겠습니까"의 의미로 이해한다면 오퍼시트는 우리말로는 제안서 정도가 될 것이다. 오퍼시트는 보통 물건을 파는 사람이 사는 사람에게 보내는 경우가 많으므로 일종의 제품가격에 대해 제안하는 견적서의 의미가 높다.

견적서(QUOTATION SHEET)는 눈으로 보고(見, 볼 견) 대략 계산해본다(積, 쌓다 적)는 말로, 대략적인 금액으로 상대방에게 사도록 유도하기 위한 서류다. 상대방에게 '대략적인 가격은 이렇습니다'라는 의미의 견적서를 OFFER라는 제목으로 해서 작성하기도 한다. 많이 쓰는 건 QUOTATION이지만 그렇다고 OFFER가 틀린 것은 아니라는 말이다. 또한 제안(OFFER)하기 위해 견적서(QUOTATION SHEET)를 상대방에게 제출할 수도 있고, OFFER SHEET가 QUOTATION SHEET가 될 수도 있다.

QUOTATION SHEET는 우리나라에서 사용하는 견적서와 그 내용에 있어서 크게 차이가 없다. 다만 기재는 일반적으로 영어와 같은 외국어로 하며, 금액도 유에스달러(USD) 등 외국어로 표시한다(유에스달러라고 하는 것은 달러는 대만 돈도 달러이고 호주 돈도 달러이며 홍콩 돈도 달러이기 때문에 구별하기 위해서다).

금액을 기재할 때는 반드시 인코텀즈에 나와 있는 가격조건과 함께 기재해야 한다. 앞서 계속 설명했듯이 제품이 수출되어서 수입되기까지의 과정을 거치며 다양한 비용이 발생하는데, 그냥 제품 금액만 기재하게 된다면 견적서 받는 입장에서는 헷갈릴 수 있기 때문이다.

국내의 경우에도 견적서 발행시 '운임에 대해서는 착불이나 현불 혹은 운임별도'라고 해서 물건값 외에 추가 비용은 어떻게 된다는 것을 별도로 언급하는데, 해외의 경우도 마찬가지다. 국내에서 착불이나 현불의 개념과 비슷한 것이 무역의 인코텀즈이다.

한편 경우에 따라서는 조금 빠르기는 하지만 견적서에 돈을 받을 계좌번호를 넣기도 하고, 넣지 않기도 한다. 사고파는 것이 아직 정해지지 않았는데 은행계좌부터 넣는 것도 이상하다고 느끼는 사람도 있기 때문이다.

견적서를 작성해보자

견적서(QUOTATION SHEET)뿐만 아니라 상대방에게 보여주기 위한 대부분의 문서는 기본적으로 '누가 누구에게'가 들어가야 하고, 작성 날짜도 있어야 하며, 문서 번호도 있어야 한다.

기본적으로 계약서 등에는 대표이사의 사인이나 도장이 들어가야 한다. 그리고 견적서의 경우에도 대표이사의 사인 등을 넣는 것이 좋다.

견적서라고 해서 반드시 이 양식을 써야 한다는 특정한 양식은 없다. 꼭 들어가야 할 내용만 있으면 견적서는 어떤 형식이라도 상관이 없다.

다음은 독자들을 위해 참고용으로 만든 양식이다. 인터넷으로 보면 훨씬 보기 좋고 쓰기 좋은 양식이 많으니 다음 양식은 그저 교육용으로 참고만 하도록 하자.

SEGERYO CO.,LTD. ①

DOBONGRO-2 SEOUL, KOREA
Phone: +82-2-000-0000   Fax: +82-2-000-0001   email: abc@bde.com

QUOTATION ②

③ TO: ABC COMPANY   DATE: AUG, 20, 2019 ④
   Attention: MR. CHRIS HEMSWORTH
   Phone: 61-1-000-1234
   Fax: 61-1-0000-1235

We are pleased to quote as follows. ⑤

ITEM no	Description	Q'ty	Unit price	Amount	remarks
A31EB ⑥	TV portable	100	100.00	10,000.00	
Total		100		10,000.00	

CONDITIONS ⑦

Payment Term : 100% ADVANCE PAYMENT
Price Term : FOB KOREA
Validity : IN 30DAYs FROM DATE QUOTED
Delivery date : IN 10DAYS AFTER PAYMENT
Packing : STANDARD WOODEN PACKING

SIGNED BY:

Kimunainfo ⑧

SEGERYO CO.,LTD.

사진은 작성된 QUOTATION(견적서) 샘플이다.

〈해설〉

① 견적서를 제출하는 회사의 이름, 주소, 연락처 등을 기재한다.

② 서류에는 반드시 제목이 있어야 한다.

③ TO 다음에 나오는 회사는 당연히 견적제출 회사인 SEGERYO가 견적서를 제출하는 상대방 업체다. ATTENTION은 '회사의 누구 앞으로'라는 말이다. 회사에 대표 혼자가 아닌 이상 수신인을 기재하는 것이 좋다. 그리고 연락처 등도 기재하면 좋다.

④ 견적서 작성일자는 반드시 적도록 한다.

⑤ 인사말은 잊지 않도록 한다.

⑥ 제품이름, 수량, 금액 등을 적도록 한다.

⑦ CONDITION : 견적서와 관련된 여러 가지 조건을 기재하는 것이 좋다.

PAYMENT TERM : 결제조건을 말한다. 국내에서 대표적인 결제방법으로 현금, 카드 등이 있다. 무역에서도 여러 가지 결제방법이 있는데, 그 중 하나를 기재한다.

PRICE TERM : 앞서 인코텀즈 편에서 배웠던 것으로 가격조건을 말한다. 반드시 기재하도록 한다. 여기서는 FOB KOREA가 가격조건이다.

VALIDITY : 견적서 유효기간이다. 여러 가지 사정으로 가격이 변동될 수 있으므로 견적서 유효기간을 적어 두는 것이 좋다. 여기서는 견적일(DATE QUOTED)로부터 30일 이내가 유효기간이다.

DELIVERY DATE : 배송일자를 말한다.

PACKING : 제품 포장을 말하며, 여기서는 표준목재포장이다.

⑧ 사인을 해서 견적서를 보증하기도 한다.

피오는 발주서, 피아이는 견적송장

QUOTATION SHEET나 OFFER SHEET를 받은 바이어(구매자)가 가격이나 갖가지 조건을 놓고 협상을 벌이다가 마침내 구매하게 되었다. 이때 구매 내역, 즉 무엇을 몇 개 사겠다고 하는 것을 서류로 기재해 셀러(판매자)에게 보내는데, 이것을 우리말로는 발주서라 한다. 영어로는 PURCHASE ORDER, 줄여서 피오(P/O)라고 한다.

피오도 특정한 양식이 있는 것이 아니다. 인터넷에 올라와 있는 다양한 양식 중에서 자기 회사에 맞게 수정해서 쓰면 된다. 다음은 구매자가 작성한 발주서의 대략적 양식이다.

〈해설〉

① ABC COMPANY에서 보낸 서류임을 알 수 있다.

② PURCHASE ORDER 발주서, 즉 피오(P/O)이다.

③ ABC COMPANY가 SEGERYO에 보내는 서류다.

④ 날짜는 모든 서류의 기본이다. 피오 작성일자가 2019년 8월 20일이다.(AUG. 20, 2019) 그리고 서류번호 NO. AEG21가 기재되어있다. 서류번호는 반드시 기재하는 것이 좋다. 발주 관련해 협의시

ABC COMPANY ①

Phone: +61-1-000-1234
Fax: +61-1-0000-1235

PURCHASE ORDER ②

③ TO: SEGERYO CO.,LTD
Attention: JAY HWANG
Phone: +82-2-000-0000
Fax: +82-2-000-0001

DATE: AUG, 20, 2019 ④
NO: AEG21

We are pleased to quote as follows.

ITEM no	Description	Q'ty	Unit price (USD)	Amount (USD)	remarks
A31EB ⑤	TV portable	100			
Total		100			

DELIVERY: as soon as possible ⑥

SIGNED BY:

Chris H. ⑦

ABC COMPANY

서류번호와 날짜만 알려주면 상대방이 서류를 찾기가 쉽기 때문이다.

⑤ ABC COMPANY의 발주제품과 수량이 기재되어 있다.

⑥ 배송은 가능한 빨리 해달라고 한다(AS SOON AS POSSILBE).

⑦ 발주자 대표이사의 사인으로 발주를 확인해준다.

구매자가 발주서를 판매자에게 보내면 판매자는 구매한 내역을 확인한 후 서류로 작성해서 발주확인용으로 상대방의 사인을 받는다. 이때 사용하는 서류로는 PROFORMA INVOICE라는 것이 있는데 실무에서는 줄여서 피아이(P/I)라고 한다.

피아이(PI, Proforma Invoice)는 견적송장이라고도 하는데, 여기서 PROFORMA는 '미리 발송된 혹은 견적의'라는 의미이며, INVOICE는 '내역서'라는 뜻이 있다. 이를 합치면 '미리 발송하는 제품내역서'라는 의미 정도로 해석할 수 있다. 수출업자가 수입업자로부터 발주서를 받고 발주한 제품에 대한 금액이나 수량 등을 한 번 더 확인받는 용도로 많이 쓰인다.

피아이(P/I)에는 발주내역과 판매자, 구매자의 이름이 있고, 양사의 싸인이 있다. 즉 매매계약서와 같은 용도로 쓰이는 것이 피아이인데, 최종적으로 사고팔고한, 즉 매매계약한 내역에 대해 양사의 서명을 받아서 확인하는 서류다. 다음의 피아이(P/I, Proforma Invoice)의 양식으로 그 내용을 확인해보자.

SEGERYO CO.,LTD. ①

PROFORMA INVOICE

1. Shipper/exporter ② SEGERYO CO.,LTD. DOBONGRO-2 SEOUL, KOREA TEL: 82-2-000-0000 FAX: 82-2-000-0001	8. No. & Date of Invoice ABE13WE AUG, 22, 2019 ③
	9. Order No. ④ AEG21 AUG, 20, 2019
2. For Account & Risk of messes ⑤ ABC COMPANY MELBOURNE, 00000, AUSTRALIA TEL: 61-3-0000-1234 FAX: 61-3-0000-1235	10. Remarks
3. Notify Party Same as above	

⑥	4. Port of Loading Busan Port, Korea	5. Final Destination Melbourne, Australia
	6. Carrier DREAM 100W	7. Sailing on or about AUG, 28, 2019

11. Description of Goods	12. Q'ty/Unit	13. P/Unit	14. Amount
⑦ TV PORTABLE	100 SETS	US$300.00	US$30,000.00

TOTAL AMOUNT TV PORTABLE 100 SETS	⑧ FOB BUSAN US$30,000.00

⑨ ACCEPTED BY: *Chris H.* ABC COMPANY	⑩ SIGNED BY: *Kim...* SEGERYO CO.,LTD

사진은 작성된 피아이(PI, Proforma Invoice) 샘플이다.

276

〈해설〉

① SEGERYO CO.,LTD에서 보낸 PROFORMA INVOICE임을 알 수
있다.

② SHIPPER, 즉 수출업자의 회사명과 주소가 기재되어 있다.

③ 피아이 번호와 작성일자를 기재한다. 피아이 번호와 작성일자는 나
중에 서류 검토를 위해서 필요하니 잊지 않고 작성하도록 한다.

④ 발주서(P/O, Purchase Order)를 받았으면 피아이에 그 발주서
번호와 날짜를 기재하도록 한다.

⑤ CONSIGNEE, 즉 수입업자의 회사명과 주소가 기재되어 있다.

⑥ 선적항(POL, Port of Loading)과 도착지(Final Destination)와
배의 이름과 번호(Carrier)와 출항예정시간(Sailing on or about)
을 기재해 수입업자에게 피아이로 통지해준다.

⑦ 발주한 제품과 수량을 기재해 맞는지 확인하도록 한다.

⑧ 부산항까지 화물을 운송하고 배에 싣는 것으로 수출업자의 책임과
비용이 끝나는 가격조건으로(FOB BUSAN) 제품가격은 30,000달
러임을 알 수 있다.

⑨ 수입업자 회사명과 대표이사 사인이 들어가 있다(해외 업체의 경우
에는 담당자 사인을 넣기도 한다). 여기에 사인을 한다는 것은 피아
이에 적힌 내용이 맞다는 것을 확인해주는 것이다. 거래관계가 오래
되고 금액이 그리 크지 않은 경우에는 두툼한 계약서(CONTRACT)
를 작성하기보다는 피아이로 계약서를 대체하기도 한다.

⑩ 수출업자 회사명과 대표이사 사인이 들어가 있다.

무역실무에서 꼭 알아야 할
중요한 서류들

무역에서 중요한 몇 가지 서류에 대해 공부해보기로 하겠다. 에이엔, 사유서, 식물위생증명서 등이 바로 그런 서류들인데, 숙지해서 실무에 잘 이용하도록 한다.

에이엔

에이엔은 A/N을 말하며 ARRIVAL NOTICE의 약자로 우리말로는 도착통지서 정도가 되겠다. 배나 비행기가 출항 혹은 출발하게 되면 국제운송회사에서는 수입업자에게 배나 비행기가 수입지 항구나 공항에 언제쯤 도착하는지 문서로 통지해주는데, 이것이 에이엔이다.

회사마다 다양한 에이엔 양식이 있다. 다음의 양식을 참고해 업무에 활용하도록 하자.

NOORI AIR&MARINE ①

ARRIVAL NOTICE ②

TO: ABC COMPANY   DATE: SEP, 1, 2019   ④
Attention: MR. CHRIS HEMSWORTHS   ③
Phone: 61-1-000-1234
Fax: 61-1-0000-1235

⑤

ITEM no	Description	Q'ty	remarks
A31EB	TV portable	100	
Total		100	

HBL NO. : AB1268EBEKQLG56   ⑥
VESSEL : DREAM 100W
DEPARTURE : AUG, 20, 2019
ARRIVAL : SEP, 15, 2019
POL : BUSAN, KOREA
POD : MELBOURNE, AUSTRALIA
PIC : ROBERT MCGUIRE
PHONE : 61-3-000-0000
FAX : 61-3-000-0001

사진은 작성된 에이엔(A/N, Arrival Notice) 샘플이다.

〈해설〉

① NOORI AIR&MARINE사가 수출화물 국제운송사이다.

② ARRIVAL NOTICE라 기재되어 있어 도착통지서라는 것을 알 수 있다.

③ ABC COMPANY의 담당자 CHRIS 앞으로 보내는 서류다.

④ ARRIVAL NOTICE의 발행일자다.

⑤ 국제운송으로 운송되는 화물의 내역이다.

⑥ HBL은 하우스 비엘(HOUSE B/L)을 말하는 것으로 포워더가 발행한 비엘이다.

VESSEL은 운송선박의 이름 등이 기재된다. 여기서는 DREAM 100W다.

DEPARTURE는 배가 출발한 시간을 말한다.

ARRIVAL은 배가 수입지 항구에 도착하는 시간을 말한다.

POL은 Port Of Loading의 줄임말로 선적항을 말한다.

POD는 Port Of Discharge의 줄임말로 화물을 내리는 항구, 즉 도착항을 말한다.

PIC는 Person In Charge의 줄임말로 운송회사 담당자를 말한다.

사유서

사유서는 왜 그렇게 되었는지에 대해서 쓰고 수정을 요청하는 서류다.

보통 세관에서 발행한 수출 혹은 수입신고필증에 잘못 기재된 부분이 있을 때, 사유서 등을 작성해 세관에 정정을 요구하기도 한다.

실무에서 사유서를 작성하는 경우는 다음과 같은 이유를 들 수 있다. 사유서는 주로 세관에 제출하기 위해 많이 작성되는데, 수출 혹은 수입신고필증 정정 외에 수출되었던 제품이 수리를 위해 다시 수입되거나 수입했던 제품이 검사 결과 불량으로 판명되어 제품을 제조했던 업체로 반품할 때다.

수출되었다 수리를 위해 다시 들어오는 제품을 일반통관, 즉 일반수입통관을 하게 되면 관세를 물게 된다. 수리가 완료되어 해당 업체로 다시 보낼 때는 매출이 되어 나중에 세무신고시 수출한 금액만큼 세금을 내게 된다.

이러한 어처구니없는 일을 겪지 않기 위해서는 세관에 제품이 수입되는 이유를 잘 설명해야 하는데, 이때 '사유서'라는 제목의 문서를 작성해 기타 증빙서류와 함께 관세사 등을 통해 세관에 제출하면 된다.

다음은 사유서 샘플이니 업무에 참조하자.

(주)세계로

주소: 서울시 도봉로2가　　　　전화: 02-000-0000　　　　팩스: 82-2-000-0001

사유서

일자: 2019년 8월 31일

1. 귀 세관의 일익 번창하심을 기원합니다.

2. 하기의 수출건 관련, 수출신고 금액에 착오가 있어 이에 정정을 요청
   하오니 업무에 참조 부탁드립니다.

3. 수출신고 번호: 00000-00-000000A

   수출신고일: 2019년 8월 15일

4. 신고금액: USD9,650.00

   정정금액: USD6,950.00

　　　　　　　　　　　　　1 1 1 - 1 1 - 1 1 1 1 1

　　　　　　　　　　　　　(주) 세 계 로　김 우 식

　　　　　　　　　　　　　서 울 시　　도 봉 로 2 가

　　　　　　　　　　　　　제　　조　　전 자 제 품 대표
이사

사진은 ㈜세계로에서 수출신고금액 정정을 위해 작성한 사유서다. 서류 아래 숫자(사업자등록번호)와 회사 이름 및 주소 등이 적힌 것을 회사명판이라 하고, 동그란 도장을 인감도장이라 한다.

식물위생증명서

국가는 사람이나 물건이 그 나라를 나가거나 들어올 때 검사를 하는데, 사람의 경우는 출입국심사라 하고, 물건의 경우에는 통관이라 한다. 동식물의 경우에도 검역(檢疫)이라 해서 병이 있는지를 검사하기도 한다.

무역에서 많이 쓰이는 팔레트의 경우 나무로 된 경우가 많다. 외국에서 제작된 나무로 된 팔레트 때문에 우리나라에 병균이나 해충이 전염될 수 있으므로 모든 국가는 목재팔레트나 목재 포장상자에 방역, 즉 전염병(疫, 전염병 역)을 막는(防, 막을 방) 조치를 하고 있으며, 열을 가해 병균이나 해충을 죽이는 열처리를 반드시 하고 있다.

그리고 열처리가 된 나무 팔레트의 경우 열처리가 되었음을 팔레트 외부에 도장을 찍어 표시하고 있다.

 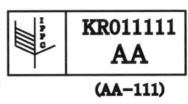

사진은 열처리가 된 나무팔레트의 모습이다. 오른쪽 그림은 왼쪽 사진의 동그라미 부분을 확대한 것으로, 나무팔레트에 열처리가 되었음을 표시하는 표식이다.

목재에 도장을 찍어서 방역조치를 했다는 표시 외에 세관에 따라 실제로 방역을 했는지에 대한 관련 서류를 달라고 한다. 이 관련 서류를 식물위생증명서(PHYTOSANITARY CERTIFICATE)라 하며 실무에서는 방역증명서 혹은 열처리 증명서라 한다. 관련 식물위생증명서 발급은 목재팔레트를 방역처리한 업체에게 요청하면 된다.

해외의 잠재적인 바이어를 찾거나 그 바이어에게 제품을 홍보하기 위한 활동이 해외영업이다. 처음 해외영업을 하려고 하면 어디서부터 시작해야 할지 막막하기만 하다. 한편으로 해외의 좋은 제품을 찾는 것도 해외영업에서 바이어 찾기 만큼 호락호락하지는 않다. 6장에서는 기본적인 해외 마케팅 방법과 수입 소싱에 대해서 알아보겠다. 추가로 각종 지원기관에는 어떤 것이 있는지 살펴보는 시간을 갖기로 한다.

무역실무, 여기까지 알면 이젠 전문가다

바이어 찾기에서
수출마케팅까지

해외영업은 말 그대로 외국에 있는 업체를 대상으로 내가 취급하고 있는 제품을 홍보하고 소개해 제품판매까지 이르게 하는 영업이다. 무역실무의 꽃이라 할 수 있다.

해외영업을 하려면 영어를 얼마나 해야 할까?

영업이라는 것은 고객과의 대화로, 대화가 잘되기 위해서는 기본적으로 서로 소통할 수 있는 언어가 되어야 한다. 해외영업을 위한 언어라면 여러 언어가 있지만 그 중에서도 영어가 그 사용이 많아서 해외영업에 유리한 점이 있기도 하다. 물론 일본인 상대라면 일본어가, 중국인 상대라면 당연히 중국어가 유리하다.

영어가 안 되는 경우라도 우리나라는 통역시스템이 잘되어 있어 현지에서 통역이 필요한 경우 코트라 같은 무역 관련 사이트를 통해 영어뿐만 아니라 다른 외국어 능통자를 구하는 것이 그리 어렵지 않다.

그렇다면 내가 외국어, 특히 영어를 할 수 있는데, 어느 정도 해야 해외영업을 할 수 있는 것일까? 영어를 완벽하게 하면 해외영업을 잘할 수 있을까? 영어를 완벽하게 한다는 것은 모든 분야에 대해 이해가 가능하다는 것인데, 우리말을 완벽하게 한다는 것보다 훨씬 어려운 일일 것이다. 국어 전공자가 경제학이나 수학 관련 세미나에 갔을 때, 세미나의 내용을 얼마만큼 이해할 수 있을까?

달리 말해서 다른 전공분야의 강의나 영업을 하기 위해서는 그 분야에 대한 공부를 따로 하지 않으면 이해하기가 많이 어렵다. 이것은 영어뿐만이 아니라 모국어인 우리말, 즉 한국어도 마찬가지다.

예를 들어 영어를 못하는 기계판매자가 통역을 통해 해외 바이어를 만나는 상황을 상상해보자. 외국어는 능통하게 하는 통역자가 기계분야에 대해서는 잘 모른다면, 많은 경우 통역은 엉뚱한 방향으로 가게 된다. 일반 영어는 잘하지만 기계분야에는 어둡다면 우리말로도 이해하지 못하는 기계용어를 영어로 옮긴다는 것은 쉬운 일이 아니다.

많은 해외영업 현장을 가봤을 때 통역이 잘되지 않는 상황에서 기계를 잘 아는 바이어와 셀러가 기계공식과 그림을 통해 서로 소통을 해가는 과정을 몇 번 보았다.

언어는 일종의 툴이며, 이 툴을 기계분야라는 땅에 이용하려면 땅에 맞게 맞춰야 한다. 영업을 하는 사람이 영어를 잘 못한다고 해서 해외영업을 할 수 없는 것이 아니고, 얼마든지 통역을 통해서 할 수 있다(이 경우 통역이 그 분야를 모른다면 미리 제품카탈로그나 기타 자료를 통해 통역도 공부할 시간이 필요하다).

동시통역하는 사람들도 통역을 하기 위해 산처럼 관련 자료를 쌓아 놓고 공부하는 것을 보면, 해외영업을 하려면 언어적인 것도 중요하지만 그 분야에 대한 전문성이 더 중요하다.

최소한 이 책에 있는 인코텀즈에 대해서는 알고 있어야 상대와 가격조건을 협의할 때 유리하다. 영어 능력이 필요 없다는 것은 아니지만, 영어 능력이 해외영업에서 필수조건이 아님을 말하고 싶다. 중요한 것은 전공분야이고, 그다음이 언어능력이 아닌가 생각한다. 물론 전문분야가 있고 언어까지 잘하면 그야말로 최고다.

해외영업의 기본, 해외전시회에 출품하자

바이어는 앞으로 내가 영업하는 제품을 사줄 사람을 말한다. 내 제품을 사줄 사람을 찾기 위해서는 그 사람에게 가서 내 제품을 자랑해야 하는데, 바이어가 어디 있는지를 찾는 것이 해외영업을 하기 위해 선행되어야 할 내용이다.

해외영업을 하기 위해서는 바이어에게 제품을 홍보해야 하는데, 이번 장에서는 해외 바이어에게 내 제품을 알리기 위해 바이어를 만나기 위한 기본적인 방법인 전시회에 대해서 살펴보자.

전시회라는 것은 무언가를 쭉 펼쳐놓고(展, 펼 전) 보여주는(示, 보일 시) 모임(會, 모일 회)이라는 뜻이다. 전시회는 영어로 FAIR라고도 하고 EXHIBITION이라고도 한다. 보통은 FAIR를 많이 쓴다. 우리나라뿐만 아니라 전 세계 다양한 분야에서 많은 전시회가 열리고 있다.

전시회가 열릴 경우 출품회사뿐만 아니라 많은 잠재바이어들이 전시회를 참관한다. 이들 출품회사와 참관회사를 통해 많은 산업들이 파생되는데 이러한 것을 전시산업이라 한다. 이런 이유로 나라마다 각종 전시장을 건설해 각종 전시회를 유치하기도 한다. 우리나라의 경우 전시회가 열리는 대표적인 전시장으로 강남에 있는 코엑스(coex.co.kr)와 일산에 있는 킨텍스(kintex.com)가 있다.

전시회는 분야가 정해져 있어서 그 분야 회사나 제품만 전시되고, 기간이 정해져 있기에 참관객들의 몰입도가 크다는 장점이 있다. 또한 비슷한 분야의 다양한 국가의 수많은 회사가 제품을 출품하기에 그 산업분야의 흐름이나 경향을 확인해볼 수 있는 자리이기도 하다.

이러한 이유로 수출을 하는 회사라면 한 번쯤은 해외전시회를 출품하려 하거나 출품하며 해외전시회 참여를 위해 몇 개월간 여러 나라를 거치기도 한다. 실무를 해보면 알겠지만, 내 제품에 관심 있는 업체 하나를 컨택하기는 대단히 어렵다. 그런 점에서 잠재적 바이어가 찾아오게 하는 전시회와 같은 좋은 비즈니스 기회는 그리 많지 않다.

해외 전시회를 찾는 방법

우리나라뿐만 아니라 전 세계적으로 다양한 전시회가 개최되고 있는데, 이러한 정보를 개인이 취합하기에는 시간도 많이 걸리고 정보의 수준도 떨어질 수 있다. 이러한 문제를 쉽게 해결할 수 있는 사이트가 있는데 바로 글로벌 전시포털(gep.or.kr)이라는 사이트다.

수출기업에게 이 사이트처럼 유용한 사이트는 그리 많지 않다. 사이트를 방문해보면 해외전시회 정보의 경우 전시회명과 전시국가 및 도시, 산업분야, 기간별로 전시회 검색이 가능하다.

해외전시회는 많은 비용이 드는데, 이러한 비용부담을 줄여주기 위해 각종 국가 및 공공기관에서 다양한 지원사업으로 수출기업을 지원한다. 글로벌 전시포털을 살펴보면 수출지원 단체별로 각종 지원사업에 대한 내용 검색이 가능하다.

수출기업이고 해외전시회에 관심이 있거나 예정이라면, 일단 글로벌 전시포털을 검색할 것을 강력 추천한다.

해외전시회에 대해 파악하자

전시회는 주제가 정해져 있고 그 주제에 맞는 바이어나 셀러가 오기에 판매나 구매의 기회가 많고, 업체에서 찾아온다는 장점이 있으나 비용과 시간이 많이 소요된다는 것도 사실이다. 그러므로 출품에 대비해서 다양한 준비와 사후관리가 있지 않으면 단지 비싼 해외여행으로 끝날 수 있음을 잊지 않도록 한다.

해외전시회 참가 계획이 잡히면, 대략적인 전시회에 대한 정보를 파악하기 위해 글로벌전시포탈(gep.or.kr)을 방문하도록 한다. 글로벌전시포탈에는 해당 전시회가 언제 어느 나라에서 개최되며 몇 개국에서 몇 개의 업체가 참가했는지에 대한 대략적인 내용이 나와 있으니 참고하도록 한다.

전시회 참가가 결정되면, 참가국수 및 참가기업수 같은 전시회 실적 외에 다음과 같은 사항을 확인하도록 한다.

독립부스, 기본부스

전시회를 가보면 무수히 많은 칸막이가 쳐져 있고 그 안에 갖가지 회사들이 전시제품을 늘어놓고 내방객들에게 기술력을 과시하는데, 이 칸막이로 된 공간을 부스라 한다. 이 칸막이로 된 부스는 기본적으로 전시회를 여는 주최 측에서 제공하는 것으로 이를 보통 기본부스라 한다. 기본부스는 가로 3미터, 세로 3미터로 크기가 작기에 참가비용도 저렴하다.

규모가 작은 업체는 칸막이로 된 부스를 임대하지만 규모가 큰 업체는 칸막이 없이 땅만 빌려서 전 제품을 전시한다. 칸막이가 없기에 업체에서 원하는 형태의 갖가지 조형물로 전시제품을 장식하기도 하는데 이러한 부스를 독립부스라 한다.

단독참가, 공동참가

우리나라에서는 각종 정부기관 및 다양한 단체에서 정부자금을 받아서 전시회에 참가하는 기업에 대해 많은 지원을 하고 있다. 그중의 하나가 전시회에 한국관이라는 한국기업만을 위한 공간을 빌려서 전시하기도 하는데 이러한 것을 공동참가라 한다. 그 외에 전시회 주최 측에 직접 컨택해 출품하기도 하는데 이를 단독참가라고 하기도 한다.

공동참가와 단독참가의 경우 각각 장단점이 있다. 공동참가의 경우 공동참가 주최 측에서 참가시 필요한 대부분의 것을 대행해준다는 장점이 있고, 단독참가의 경우 원하는 위치를 선택할 수 있다는 특징이 있다.

지원사업

전시회는 비용이 많이 드는 마케팅 중의 하나인데, 비용 부담을 줄이기 위해 각종 지방자치단체 등에서는 갖가지 수출지원사업을 제공하고 있다. 잘 검색해서 전시회 지원사업이 있는지 확인해봐야 한다. 지원사업으로는 전시회 참가비나 기타 전시회 출품 경비 지원사업 등이 있다.

전시회, 이렇게 준비하자

전시회 출품 결과는 전시회 출품중에 나오는 것이 아니라 전시회 준비중에 이미 나온다고 할 수 있을 정도로 전시회 준비는 중요하다. 여기서 전시회 준비라는 것은 어떤 제품을 전시할 것이고 어떤 홍보자료를 준비할까를 이야기하는 것이 아니다.

물론 이러한 전시 자료들도 중요하지만 더 중요한 것은 전시회 참가 전 내 제품에 대해 관심을 가질만한 유망 바이어를 찾는 일이다. 이러한 바이어를 찾아서 내 제품을 전화나 이메일 등으로 미리 홍보하고, 전시회 때는 전시회 참관을 위해 온 잠재 바이어에게 그동안 홍보했던 내용과 실제 제품이 맞는지 보여주고, 그 성과가 좋으면 계약까지 이르게 되기도 한다.

이러한 바이어 찾기는 검색도구를 통해 찾아볼 수도 있다. 또한 전문기관을 통한 검색 및 바이어와 연결까지도 가능한 서비스가 있는데, '사업파트너 연결지원' 사업이다. 코트라(kotra.or.kr)라는 기관에서 관련 사업을 수행하고 있다.

전시회 기간중 그리고 끝난 후에는 이렇게 하자

전시회 중에는 상담한 내용들을 잘 정리해두는 것이 중요하다. 상담 중에 바이어에게 약속했던 샘플이나 기타 협의 내용은 잘 정리했다가 귀국했을 때 잊지 않고 보내도록 한다.

추가로 우리제품에 대한 홍보도 중요하지만, 다른 회사의 제품에 대해 관심을 가지는 것도 필요하다. 앞서 이야기했지만 전시회는 비슷한 업종의 회사들이 참여하는 것으로 하나의 시장 흐름을 알 수 있는 중요한 계기가 되기에, 여유가 된다면 전시회에 출품한 다른 회사 제품들도 살펴보는 것이 좋은 비즈니스를 위한 배움이 된다.

전시회가 끝난 다음 귀국 후 반드시 전시회 기간중 만났던 바이어에게 메일이나 전화로 연락해 관계의 끈을 계속 유지하도록 하며, 샘플을 약속했다면 잊지 말고 꼭 보내도록 한다. 여유가 된다면 전시회 기간중에라도 바이어가 요청한 것에 대한 피드백이 있으면 좋다.

실무를 해보면 알겠지만 전시회에서 만났던 업체가 바로 발주하는 경우는 그렇게 많지 않다. 보통 바이어는 지금 당장 제품이 필요해서 오는 경우보다는 혹시나 필요할 것 같거나 시간을 갖고 천천히 제품을 확인하는 경우가 더 많다. 그만큼 바이어에게 정성을 들여야 한다는 말이다.

정부에서 도움을 준다, 무역사절단

과거에는 시장개척단이라는 이름이었으나 지금은 '무역사절단'이라는 이름으로 진행되고 있는 사업이다. 지방자치단체나 기타 협회 등에서 정부 지원을 받아 수행하는 지원사업으로, 참여를 원하는 기업을 모집 후 모집기업과 현지기업 간의 무역상담회를 현지에서 주선하는 사업이다.

필자도 과거 우리나라 무역지원기관인 코트라가 섭외해놓은 싱가포르와 대만에 있는 기업을 싱가포르와 대만 현지에서 만나서 상담을 하고 좋은 성과를 냈던 기억이 있다. 상담 장소와 상담 기업 발굴 그리고 일정 및 호텔 등의 예약까지도 모두 코트라에서 진행해주므로 기업은 좋은 결실을 위해 상담에 집중하면 된다.

구관이 명관, 기존 거래처를 통한 제품 소개

수출 마케팅을 통해서 새로운 바이어를 만드는 것도 중요하지만, 기존 바이어와의 관계를 돈독히하는 것도 필요하다. 왜냐하면 현지의 정보를 가장 잘 아는 것은 현지에 있는 기업이고, 지금 거래하고 있는 기업이 그 나라를 가장 잘 아는 것이기 때문이다.

또한 팔 만한 제품에 대한 것도 현지에 있는 기업이 제일 잘 알고 있으므로 신제품이나 기타 제품에 대한 평가나 판매 기회도 기존 거래처를 통해서 하는 것이 판매 가능성도 높다. 또한 바이어를 통해 한국 내에 괜찮은 제품에 대한 해외 판매 기회도 생길 수가 있다.

필자의 경우에도 호주에 있는 기존 거래처로부터 '이러이러한 제품을 찾을 수 있느냐'는 메일을 받고 국내의 생산 기업을 찾아서 소개했던 기억이 있다. 따라서 무작정 새로운 기업만 찾을 것이 아니라 기존 거래처 유지를 잘하는 것도 수출 마케팅에서 매우 중요하다.

해외 유명 판매사이트, B2B나 B2C사이트에 가입

B2B라는 것은 Business to Business라는 말을 줄인 것으로 기업 대 기업 혹은 비즈니스 대 비즈니스를 말한다. B2B사이트는 일반 소비자가 아닌 기업이 필요한 각종 설비나 기계류를 판매하고 구매하기 위한 사이트 혹은 소량 판매가 아닌 도매와 같이 대량으로 판매하기 위

해 제품을 홍보하는 일종의 기업을 위한 개념이다.

일반적으로 쇼핑몰이라면 한 개나 혹은 여러 개의 제품을 구매하는 개인을 대상으로 하는 사이트를 말하는데, 이를 보통 B2C(Business To Customer)라고 한다. 이에 반해 B2B는 대량으로 물건을 구매하려는 개인이나 기업을 대상으로 한 사이트다.

- 알리바바(alababa.com): 제일 유명한 세계적 B2B사이트로 과거에는 중국제품 위주였지만 지금은 우리나라 기업도 제품을 올려서 홍보하며 이 사이트를 많이 이용하고 있다.
- 이씨플라자(ecplaza.net): 우리나라 사람이 만든 사이트로 성장 속도가 가장 빠른 사이트 중 하나다.
- 이월드트래이드(eworldtrade.com): 미국에 본사를 둔 업체로 세계 10대 B2B사이트에 등재되는 사이트 중 하나다.
- 이베이(ebay.com): 미국에 본사를 둔 기업으로 소량 구매를 하는 일반 소비자 대상이라는 이미지가 강하지만 대량 구매하는 소비자나 기업들도 이베이를 통해 제품 구매를 하기도 한다.

메신저 앱 등 기타 홍보방법에 대해 알아보자

과거에는 가장 각광받는 홍보수단으로 전시회가 단연 으뜸이었다. 전시회가 아니면 각 나라에 있는 제품들을 한자리에서 볼 수 있는 기회가 많지 않았기 때문이다.

하지만 인터넷과 SNS가 발달한 지금은 굳이 해외를 가지 않고도 얼마든지 책상 앞에서 제품 검색이 가능하다. 그리고 이동하면서 휴대폰으로 제품 검색이며 해외 거래처와 이메일 수신 및 발신을 자유롭게 할 수 있으며 위챗이나 와츠앱 같은 앱으로 곧바로 연락을 할 수 있다. 즉 전시회에 직접 가지 않고도 여러 앱 등을 통해 얼마든지 제품 홍보가 가능한 세상이다. 활용하면 좋은 주요 홍보 방법으로는 다음과 같다.

- **메신저 앱:** 카톡과 같이 문자를 주고받을 수 있는 앱으로 세계적으로 와츠앱(WhatsApp), 라인(LINE), 페이스북(Facebook Messenger), 위챗(WeChat) 등의 메신저가 있다. 나라별로 많이 쓰는 메신저가 있는데, 그러한 메신저를 이용해 제품을 홍보할 수 있다.
- **소셜네트워크:** 블로그의 성격이 큰 사이트로 여기에는 페이스북(Facebook), 인스타그램(Instagram), 트위터(Twitter) 등이 있다. 흔히 말하는 검색을 통해서 우연히 유입되는 대상을 전 세계인으로 할 수 있다. 제품에 대한 자료를 올려놓고 24시간 전 세계인을 대상으로 제품 홍보를 할 수 있다.
- **홈페이지:** 가장 고전적인 방법 중의 하나로 우리 회사 홈페이지를 만들어서 회사 소개, 신제품 소개를 할 수 있다.
- **이메일:** 기존 거래처를 대상으로 신제품에 대한 소개시 이용할 수 있는 방법이다.

이메일 작성의 처음과 끝

홍보 방법중 하나인 이메일은 작성방법에 있어 우리가 일반적으로 작성하는 편지와 큰 차이가 없다. 우리가 편지를 쓸 때 맨처음에 '철수에게' 혹은 '선생님께'와 같이 누구에게 쓴다는 것을 기재한다. 해외 거래처와의 이메일도 이와 다르지 않아서 '누구에게'라는 것을 시작으로 이메일을 쓰는 게 일반적이다.

그런데 비즈니스적인 관계이며 그렇게 친한 사이가 아닌 격식을 차리는 관계라면 'Dear'로 시작하는 것도 좋다. Dear을 쓸 때는 그냥 성을 쓰거나 성과 이름을 같이 붙여서 쓰며, 끝에 쉼표를 붙인다.

- 성만 쓸 때: Dear Hamsworth, 혹은 Dear Aniston,
- 성과 이름을 같이 쓸 때: Dear Mr. Chris Hamsworth, 혹은 Ms. Jennifer Aniston,
- 성과 이름은 알고 남성인지 여성인지 모를 때: Dear Chris Hamsworth, 혹은 Jennifer Aniston,

하지만 어느 정도 안면을 튼 사이라면 'Hi' 등과 같이 어느 정도 덜 격식을 차리는 말로 시작하기도 한다. 이때도 끝에는 쉼표를 쓴다. 'Hi Chris,' 혹은 'Hi Jennifer,' 식으로 쓰면 된다.

그런데 반드시 이렇게 해야 한다기보다는 적절히 'Good Morning' 같은 인사를 섞어 쓰는 것도 나쁘지 않다.

일을 하다 보면 어느 정도 격식을 차리거나 친해진 관계도 아닌 '무역담당자 앞' 혹은 '해당 업무담당자'와 같이 상대에게 처음 이메일을 보내거나 서로가 전혀 모르는 상태에서 메일을 보낼 때가 있다. 이럴 때는 다음과 같은 예시로 상대에게 이메일을 보낸다. 하지만 이런 경우에는 보낸 메일이 스팸메일 취급을 당할 수 있으므로 각별히 주의하도록 한다.

> • To whom may it concern : 보통 concern 다음에 콜론(:)을 찍는다.
> • Dear Sir/Madam, : Madam 다음에 쉼표(,)를 찍는다.

이메일의 끝도 중요하다. 편지의 시작이 누구에게 쓴다는 내용이 있으면 마지막에는 누가 썼다는 내용이 있듯이 비즈니스 메일에서도 이와 다르지 않다. 보통 Regards가 들어간 말이 많고 그 외에 Sincerely를 쓰기도 한다. 그리고 끝에는 쉼표(,)를 찍고 작성자이름과 회사명으로 마무리하기도 한다.

(예1) Thanks and Kind regards,

　　　Andy Park

　　　Segeryo Company

(예2) Best regards,

Andy Park

Segeryo Company

(예3) Sincerely yours,

Andy Park

Segeryo Company

이와 같이 처음과 끝을 쓰지만 반드시 이렇게 해야 한다는 것은 아니다. 일반적으로 많이 쓰는 표현이 위와 같다는 것이니 참고하기 바란다.

알아두면 큰 힘이 되는
각종 수출지원기관

무역 관련 여러가지 애로사항을 해소시켜 주기 위해 정부에서는 다양한 방법으로 지원사업을 진행하고 있다. 이러한 지원사업을 잘 이용하면 실무에 큰 힘이 될 것이다.

수출업무의 든든한 지원자, 코트라

코트라(KOTRA)는 KOrea TRAde investment promotion Agency 의 약자로 '대한무역투자진흥공사'를 의미한다. 코트라는 말 그대로 우리나라 기업의 무역과 투자를 촉진시키기 위해 정부에서 돈을 내서 만든, 개인의 이익이 아닌 공공의 이익을 위해 만든 회사로 특히 수출 기업의 든든한 반려자 역할을 하고 있다.

코트라는 현재 지사 개념의 무역관을 전 세계 85개국에 126개를 두고 있다. 이 무역관은 현지에서 정치, 경제, 사회·문화, 기타, 해외전시회 정보 등을 취합해 대부분의 자료를 무상으로 홈페이지에서 제공하고 있다. 또한 갖가지 지원사업을 개발해 수출 및 수입 기업을 지원하고 있다.

다음은 코트라 홈페이지에서 확인할 수 있는 대표적인 지원사업 및 무역실무자가 찾아볼 만한 정보에 대한 것이다. 코트라 홈페이지(kotra.or.kr)에 접속해 상단의 '지원서비스안내'를 클릭하면 코트라에서 지원하는 다양한 지원사업을 확인할 수 있다.

- **무역투자상담:** 코트라에 상주하는 전문 상담원으로부터 무역 및 투자 관련 상담을 받을 수 있는 서비스다. 상담받는 방법에는 온라인, 전화상담, 방문상담 등이 있다. 방문상담의 경우 코트라 본사나 해외 무역관을 방문해 상담을 받을 수도 있으며, 변호사를 통해 외국의 법률에 대해 상담을 받을 수도 있다.
- **수출지원:** 내수 위주나 수출이 이제 시작단계인 업체를 지원하는 서비스다. 수출이 시작단계인 수출초보기업에 대한 지원 외에도 해외 파트너 발굴, 무역실무교육 등의 수출과 관련된 다양한 서비스를 받을 수 있다.
- **해외진출지원:** 해외투자 및 스타트업의 해외진출을 돕는 서비스 외에 해외 취업 및 해외전문인력의 유치지원 등의 서비스다.
- **외국인투자유치지원:** 해외기업의 투자 지원 및 상담 그리고 산업별 투자유치 지원에 대한 서비스다.

해외무역관은 만능해결사

코트라의 해외지사인 해외무역관에는 한국인과 현지직원이 상주해 현지의 다양한 정보를 취합한 후 관련 정보를 홈페이지에 올리고 있다. 각 무역관은 코트라 홈페이지 내에 자체적인 홈페이지를 가지고 있으며 현지의 시장뉴스, 오퍼정보, 전시정보 등을 따로 올려놓고 있다. 구체적으로 다음과 같은 서비스를 제공하고 있다.

- **현지진출정보**: 다양한 현지 시장 정보가 기재되어 있다. 예를 들어 일본 나고야 무역관에서 취합한 "일본 '귀차니즘'을 해결해주는 비즈니스가 뜬다"와 같은 정보도 있다.
- **글로벌일자리정보**: 현지 기업에서 외국인 인재를 구인하는 정보로 구직자가 관심을 가져볼 만하다.
- **통역원 정보 바로가기**: 해외무역관 홈페이지에 있는 메뉴 중 하나이다. 이 메뉴를 통해 현지의 통역 및 호텔 정보 확인이 가능하다.
  무역을 하다 보면 다양한 국가의 업체와 거래하게 되는데, 거래국 언어를 모두 할 수는 없다. 현지에 출장을 갈 일이 있을 때, 코트라에서 정리해놓은 통역원 정보를 참고하면 많은 도움이 된다. 또한 통역원 정보에는 통역원 통역비 등이 책정되어 있어 통역비 때문에 얼굴 붉힐 일이 없다. 현지 통역원의 경우, 현지 사정에도 밝아서 전시회 때 필요한 물품을 현지에서 통역원을 통해서 조달받기도 한다.
- **기타**: 홈페이지에 정리되어 있는 호텔 정보에는 호텔 위치 및 연락

처, 요금, 공항까지의 소요시간이 기재되어 있어 숙박 관련해 많은 도움이 된다.

무역협회 회원으로 가입하면 혜택이 많다

무역협회(kita.net)는 '한국무역협회'를 말하는 것으로 무역하는 기업의 모임이다. 정부지원을 받아서 자체적으로 지원하는 서비스가 다양하다.

무역협회 홈페이지에는 다양한 무역통상정보와 무역통계, 해외 마케팅 정보가 올라와 있다. 그 외에 협회지원사업과 통번역지원사업이 있고, 입국비자 없이 입국할 수 있는 에이펙카드(ABTC) 발행을 대행하고 있다.

- **무역통계:** 다양한 무역 관련 통계자료를 확인할 수 있다. 무역협회 홈페이지에 메뉴가 있다.
- **해외마케팅:** 나라별 인증제도에 대한 내용이 참고자료로 기재되어 있다. 인증이라는 것은 제대로 된 제품이라는 것을 공적기관이 증명하는 제도다.

  예를 들어 우리나라 공산품인증으로는 KC가 있고, 유럽 인증에는 CE가 있으며, 미국에는 UL이, 중국에는 CCC라는 인증이 있는데, 국가별로 제품에 따라 인증을 받도록 하고 있다. 인증을 받지 못한 제품은 수입 자체가 금지되기도 한다.

- **에이펙카드(ABTC)**: ABTC를 말하며 흔히들 에이펙카드라고도 하는데, APEC Business Travel Card를 말한다. 여기서 APEC는 Asia-Pacific Economic Cooperation의 약자로 우리말로는 아시아태평양경제협력체라고 한다.

  APEC에 가입한 회원국 중 19개 국가(2019년 현재) 방문시 별도 입국비자 없이 출입국을 가능하도록 한 제도가 ABTC다. 예를 들어 중국의 경우, 방문시 비자가 필요한데 ABTC만 있으면 비자 발행이 필요 없다는 것이다. 또한 ABTC 전용 창구가 있어 빠르게 입국과 출국수속을 밟을 수 있다.

  참고로 카드는 신청에서 발행까지 최대 6개월 정도가 소요되며, 유효기간은 발급일로부터 5년이다.

- **자금/비용지원**: 회원사의 경우 각종 자금지원 및 시장개척 등에 대한 지원이 있다. 시장개척에 대한 지원사업으로 외국어 통번역 및 외국어 홍보동영상 제작 그리고 외국어 카탈로그 제작 사업도 있으니 참고하자.

지방 기업에게 도움을 준다, 지방자치단체

정부로부터 돈을 받아서 수출기업을 지원하는 사업은 무역협회 외에 여러 군데가 있는데, 기업이 속한 지역의 지방자치단체도 수출지원사업을 다양하게 벌이고 있다.

예를 들어 경기도의 경우 이지비즈(egbiz.or.kr)라는 홈페이지를 통해 경기도 자체 수출지원사업과 기타 기관에서 진행하는 각종 수출지원사업 홍보를 하고 있다. 경기도 외에 각 시도의 기업지원과에서도 다양한 수출지원사업을 개발 운용하고 있으니 참고하자.

특허 관련 지원기관, 특허청

특허라는 것은 내가 개발한 제품에 대해 특정기간 동안 나만 쓸 수 있도록 하는 독점적 권리로, 제품 등을 개발한 사람을 보호하기 위한 조치다. 이러한 독점적 권리는 특허 외에 실용신안, 상표 그리고 디자인에 대한 것이 있다.

특허나 실용신안, 상표, 디자인 등의 등록은 우리나라의 경우 특허청(kipo.go.kr)을 통해서 하며, 이미 등록된 내역이 있으면 등록이 안 된다. 이와 같이 이미 등록이 된 특허인지 실용신안인지 확인하기 위해서는 특허전문가인 변리사를 통하거나 특허청 산하의 특허 검색 사이트인 키프리스(kipris.or.kr)를 통해서 확인하면 된다. 특허청에서는 키프리스 외에 각종 특허 관련 지원사업을 실시하고 있는데, 참고해서 지원을 받도록 하자.

중소기업에게 힘이 된다, 중소기업 수출지원센터

정부에서 출자해 만든 중소기업 수출지원을 전문으로 하는 기관이 중소기업 수출지원센터(exportcenter.go.kr)다. 다양하고 많은 수출지원사업을 시행하고 있는 기관으로, 수출을 하거나 계획하고 있는 기업이라면 반드시 컨택해봐야 할 기관이다. 다음은 많은 서비스 중에서 관심을 가져야 할 내용이다.

- **수출지원서비스:** 국제전화요금 할인과 환위험컨설팅을 들 수 있다. 국제전화요금 할인의 경우, 통신회사와 협력해 국제전화 요금할인을 지원하는 서비스다. 환위험컨설팅은 한국수출입은행을 통해 지원하는 사업으로, 외화와 우리나라 돈을 서로 교환할 때 생기는 환차를 최대한 적정하게 관리하기 위한 컨설팅을 제공한다.
- **수출유망중소기업 지원사업:** 성장가능성이 높은 수출 중소기업을 발굴해 집중적으로 수출 관련 지원사업을 시행한다.
- **해외진출가이드 제공:** 해외진출 관련 해외합작투자 등에 대한 서식 및 설립 방법과 기타 여러 가지 정보를 제공한다.
- **고비즈코리아(kr.gobizkorea.com):** 중소기업수출지원센터 산하에 있는 사이트로 각종 지원사업이 홈페이지에 올라와 있다. B2B사이트(gobizkorea.com)도 운영하고 있다.
  특히 '주요지원사업'을 클릭하면 갖가지 지원사업을 확인할 수 있는데, 그 중 특기할 만한 서비스로 '검색엔진마케팅지원'이란 사업이 있다. 이 서비스는 중소기업인 업체의 외국어 홈페이지를 해외의 유명한 검색엔진인 구글 등에서 검색시 상위에 일정기간 노출되도록 지원하는 서비스다. 또한 고비즈웹메일이라 해서 이메일 계정을 지원하기도 한다.

무역보험공사, 위험을 줄여준다

무역을 하다 보면 항상 위험부담이라는 것이 생기는데, 수출기업에게는 결제가 바로 위험부담이다. 즉 돈을 떼이지 않을까 하는 불안함을 가지게 되는 것이다. 그래서 보통 이러한 위험부담을 보험을 통해서 대비한다.

하지만 일반 보험회사들의 경우 위험부담이 너무 커서 이렇게 수출이나 무역하는 기업에 필요한 보험 상품을 많이 개발하지 않는다. 그래서 정부에서 돈을 내서 보험회사를 하나 만들었는데 이 회사가 바로 한국무역보험공사(ksure.or.kr)다.

무역보험공사에서는 다양한 무역상품을 만들어서 수출기업뿐만 아니라 수입기업의 위험 대비책이 되어주고 있다. 관련 상품은 무역공사 홈페이지 메뉴 중 지원사업을 클릭하면 내용을 확인할 수 있는데, 그 대략적인 내용은 다음과 같다.

첫째, 수출기업을 위한 수출보험이 있다. 수출기업에게 대표적인 위험 부담이 '수출대금을 못 받으면 어쩌나' 하는 것인데, 이와 관련된 보험으로 수출보험이 있고, 관련 상황에 따라 다양한 상품이 있다. 다음은 그 중 몇 가지 상품에 대한 소개다.

- **단기수출보험(선적 후):** 결제기간 2년 이하의 수출계약하에 물품 수출 후 대금 회수가 안 될 때 손실을 보상하는 보험이다.
- **단기수출보험(포페이팅):** 신용장하에서 네고은행이 소구하지 않는 대신 네고시 고율의 이자를 떼는 방식을 포페이팅이라고 이해하면 된다.

  일반신용장과 다른 점은 다음과 같다. 보통 일반신용장은 네고 후 수입업자가 결제하지 않을 때, 네고 은행은 이미 수출업자에게 결제한 수출대금을 돌려달라고 하는데 이를 소구라 한다.

  포페이팅의 경우 은행이 소구하지 않는 조건으로 네고시 높은 이자를 적용한다. 은행 측으로서는 리스크가 큰데, 실제로 수입업자가 결제하지 않을 경우 돈을 떼일 수 있어 이러한 은행의 리스크 대비를 위한 보험상품이다.

둘째, 수입회사는 수입보험에 가입할 수 있다. 선급금이라고 해 물건을 받기 전에 미리 결제하기도 하는데, 이러한 선급금을 떼이는 경우를 대비한 보험 등이 있다.

수입해서 돈 되는 제품,
어떻게 찾을 것인가?

전시회를 가야만 알 수 있었던 시대는 갔다. 짧은 시간 안에 팔 만한 제품 정보를 얻을 수 있는 지금 시대의 해외제품 소싱에는 어떠한 방법이 있는지 확인해보자.

수입소싱이란 무엇인가?

소싱은 이익이 될 만한 좋은 제품을 해외에서 찾는 것을 말하는데, 수입소싱은 이익이 될 만한 외국 제품을 수입하는 것을 말한다. 필자가 처음 무역을 할 때만 해도 인터넷이 그렇게 발달하지 않았기에 수입소싱을 하기 위한 제품을 만나는 가장 좋은 방법은 해외전시회에 직접 가는 것이었다.

전시회는 보통 여행사에서 여러 회사의 사람을 모아서 단체를 만들어서 해외 전시회 방문단을 만들었고, 이들이 전시회 구경을 하며 제품 정보를 얻곤 했다. 단체로 해외전시회에 가다 보면 그 중 몇몇은 큰 여행용 가방을 끌고 다녔는데, 전시회에 들어갈 때만 해도 홀쭉했던 여행용 가방은 전시회가 끝날 때쯤만 되면 이내 빵빵해져 있었다. 방문한 부스에서 갖가지 샘플이며 책자 등을 닥치는 대로 수집하다 보니 그렇게 된 것이다. 그리고 저녁에는 호텔방에서 부스를 돌며 모아놓은 정보며 샘플들을 분석해 나중에 몇몇 제품을 실제로 수입해서 국내에 유통하기도 했다.

하지만 지금은 꼭 외국을 가야만 해외의 최신 정보를 얻거나 최신 제품을 확인할 수 있는 것이 아니다. 얼마든지 스마트폰으로 걸어다니면서도 해외 제품을 검색하고 거래할 수 있다. 꼭 전시회를 가야만 알 수 있었던 아날로그 시대에서 아주 짧은 시간 안에 팔 만한 제품 정보를 얻을 수 있는 디지털 시대가 된 것이다. 디지털 시대의 해외제품 소싱에는 어떠한 방법이 있는지 확인해보자.

B2B사이트, 해외 제품정보의 보고

해외제품정보가 모아져 있는 보물창고라면 단연 B2B사이트라 할 것이다. B2B사이트는 대표적으로 알리바바가 있고, 그 외에 나라별로 대표적인 B2B사이트가 있다.

B2B사이트에는 갖가지 제품이 상품별로 잘 정리되어 있고, 가격조건 및 최소발주수량(MOQ, Minimum Of Quantity) 등의 정보가 기재되어 있어 수입여부를 판단할 때 요긴하다.

다음은 세계적으로 유명한 B2B사이트에 대한 것이다. 이들 사이트 외에 수많은 사이트가 운영되고 있으니 잘 검색해서 업무에 활용하도록 하자.

- 알리바바닷컴(alibaba.com): 무역하는 사람이면 누구나 아는 B2B 의 세계적 사이트다. 이전에는 주로 중국제품에 대한 정보가 기재 되었지만, 지금은 해외의 수많은 업체에서 방문하는 인지도 높은 사 이트가 되었기에 우리나라뿐만 아니라 중국이 아닌 다른 나라 업체 에서도 제품등록을 해서 홍보하고 있기도 하다.
- 인디아마트(indiamart.com): 사이트 이름에서 유추할 수 있듯이 주 로 인도 업체들의 제품이 등록되어 있다. 중국 제품 외에 차별화된 제품을 찾고 싶다면 한번 검색해볼 만하다.
- 글로벌소시스(globalsources.com): 홍콩에 거점을 둔 B2B업체다. 알리바바닷컴이 없었을 때는 B2B사이트로 명성이 높았다.

현지 정보에 최적화된 기업, 기존거래처

B2B사이트의 경우, 사이트에서 검색을 하는 어느 정도 단순반복의 과 정이 지속된다는 단점 아닌 단점이 있기도 하다. 또한 거래를 해보지 않은 기업을 컨택하는 것이므로 제품에 대한 신뢰나 업체에 대한 믿 음이 떨어질 수밖에 없다. '과연 믿을 만한가' 하는 문제가 생긴다.

이에 반해 기존에 수입이나 수출 등으로 거래하는 해외업체를 통해 현지의 제품을 찾는 경우 아무래도 훨씬 신뢰감이 올라갈 수밖에 없다. 왜냐하면 해외업체의 경우에도 잘되면 또 다른 판매기회가 될 수 있고, 거래처에게 소개해주는 것이므로 아무래도 좀더 신경을 쓰는 측면도 있기 때문이다. 해외거래처는 현지정보원으로서 통관정보나 기타 현지 정보에 밝기 때문에 많은 도움이 된다.

뭐니뭐니해도 해외전시회 참가가 최고다

과거의 아날로그적인 느낌이 드는 소싱방법이지만, 그럼에도 여전히 각광받고 있는 방법이 해외전시회 참가다. 각기 다른 나라 제품이 한자리에 모일 수 있는 흔치 않은 기회로 품질이나 가격 등을 비교해볼 수 있는 특별한 자리이기도 하고, 동일한 분야의 제품이 모였기에 현재의 기술 흐름 등을 확인하고, 앞으로의 방향에 대해 유추해볼 수 있는 자리이기도 하다.

해외전시회에 대한 정보는 코트라 패밀리 사이트인 글로벌전시포털(gep.or.kr)을 통해서 확인할 수 있다. 호텔이나 현지교통편에 대한 불편을 호소하는 경우에는 여행사의 문을 두드려보는 것도 좋다. 특정 여행사의 경우 현지 전시회 참관단을 모집하는 경우가 있으므로 이를 활용하도록 한다.

좋은 제품을 발굴할 때 이것만은 주의하자

좋은 제품 발굴

수입하기 좋은 제품이라면 어떤 제품일까? 물론 일단 품질이 좋아야 한다. 그다음은 가격 등이 적당해야 한다. 하지만 제일 우선시해야 하는 것은 잘 팔릴 만한 제품을 찾는 것이고, 바로 그것이 좋은 제품이라고 할 수 있다.

팔릴 만한 제품을 과거에는 전시회 참가자들이 싹쓸이했다면, 지금처럼 누구에게나 정보가 인터넷에 공개된 오픈마켓의 경우에는 이미 많이들 선점했다고 해도 과언이 아니다.

그렇다면 남들이 아직 발굴하지 않은 제품은 어떻게 발굴하는 것일까? 남들이 아직 발굴하지 않았다는 것은 기회가 아직 있다는 것도 있지만 취급하기가 까다롭거나 복잡할 수도 있다.

그럼에도 그러한 제품을 발굴해야 하는 것은 앞서도 말했지만 쉬운 제품은 이미 다른 업체에서 취급하고 있다는 것이기에 그 업체보다 좋은 조건으로 수입하기는 쉽지 않다는 것이며, 그렇다면 차라리 취급하지 않는 것보다 못하게 되기 때문이다. 남들이 아직 발굴하지 못한 제품을 발굴하기 위해서는 우선 다양한 분야에 대한 관심 및 학습이 선행되어야 한다.

예를 들어 산세베리아라는 식물은 인도네시아와 태국 등에서 수입되는데 공기정화기능이 탁월하다고 알려져 있다. 이 식물이 공기정화에 탁월하다는 방송보도에 의해 한때는 없어서 못 파는 지경에 이르기도 할 정도로 판매가 엄청나기도 했다. 물론 방송의 여파가 대박판매의 기폭제가 되었지만 그동안 이 식물에 대한 꾸준한 관심이 없었다면 방송이 되었다 해도 큰 성과를 얻기는 힘들었을지도 모른다.

평소 내 주위에 있는 많은 것에 대한 관심을 가져야 한다. 이것이 좋은 제품을 발굴할 수 있는 요령 중 하나다.

수입시 주의사항, 수입비용을 잘 확인하자

당연하면서 반드시 확인해야 하는 것으로 수입요건을 아는 것이고, 관세 등의 수입세금이 어떻게 되는지 파악해야 한다. 여러 번 언급했지만 앞으로 남고 뒤로 손해를 볼 수 있는 것이 이쪽 분야이다.

수입제품에 대한 가격만 본다면 국내에서 유통되는 제품보다 훨씬 싸지만 정작 수입시 부과되는 세금을 염두에 두지 않는다면 제품가격보다 몇십 배, 몇백 배 붙는 관세 때문에 기껏 협상을 잘해놓고 수입을 보류하는 사태가 벌어질 수도 있기 때문이다.

그러므로 제품 발굴 초기에 관세를 포함한 각종 수입 비용을 잘 정리해서 수입을 포기해야만 하는 안타까운 상황을 맞지 않도록 주의한다.

무역실무를 이해하기 위한
핵심용어 31

거듭 강조하지만 무역실무는 용어의 어려움을 극복하는 것이 공부의 반이다. 여기서 제시한 31가지 핵심용어를 잘 알고 실무를 시작하면 큰 도움이 될 것이다.

1. 포워더

포워더는 FORWARDER를 말하는 것으로 FORWARDING COMPANY 라고도 하며, 우리말로는 운송주선업자라고도 한다. 비행기가 없는 여행사가 비행기표를 팔듯이 포워더는 선박이나 항공기 없이 화물운송을 진행한다. 즉 비행기나 배를 가지고 있는 운송업체로부터 화물칸을 싸게 빌려서 마진을 붙여 수출입회사에 대여하는 것이 포워더다.

2. 벌크화물

벌크라는 것은 보통 포장하지 않은 것으로 이해하지만 벌크 (BULK)의 뜻 중에는 '큰 규모'라는 것이 있다. 쌀이나 광물은 대량으로 배를 통째로 빌려서 운송하는데, 이러한 큰 규모 혹은 포장되지 않은 채로 싣는다고 해서 이러한 화물을 벌크화물(BULK CARGO)이라 한다. 참고로 배를 빌리는 것을 용선이라 하며, 용선을 하기 위한 계약을 용선계약이라 하며 영어로는 CHARTER PARTY라 한다.

3. 컨테이너화물

컨테이너라는 것은 사각형 철제 박스로, 크기가 작은 화물을 컨테이너에 넣은 후 항구에서 이 컨테이너 채로 배에 싣는 작업을 한다. 이때 컨테이너에 실린 화물을 컨테이너 화물이라 한다. 컨테이너는 크기를 기준으로 나누는데, 20피트길이(약 6미터)의 컨테이너는 20피트 컨테이너라 하고, 40피트길이(약 12미터)의 컨테이너는 40피트 컨테이너라 한다.

4. 혼재화물

혼재라는 것은 섞여 있다는 말로 다른 회사의 화물과 섞여서 운반되는 화물을 혼재화물이라고 한다. 컨테이너의 경우 길이가 짧은 것은 6미터인데, 회사에 따라 컨테이너의 일부 공간만 필요한 소량의 화물을 수출하는 경우가 있다. 이 경우 운송회사에서는 소량의 화물만 모아서 한 컨테이너를 꽉 채우는데, 이와 같이 한 개의 컨테이너에 여러 회사 화물이 섞여 있는 것을 혼재화물이라 한다.

5. 씨에프에스(CFS)

Container Freight Station의 약자로 우리말로는 컨테이너 화물 집하장이라 한다. 즉 컨테이너에 들어갈 화물을 모아두는 장소로 보통 혼재 화물을 씨에프에스(CFS)에 모아둔다. 수출시에는 수출 화물을 씨에프에스(CFS)에 모아두었다가 한 개 컨테이너를 만들어서 수출하고, 수입시에는 컨테이너에 있는 혼재화물을 씨에프에스(CFS)에서 회사별로 분류하게 된다.

6. 노미

노미는 영어 NOMINATION(지명, 임명)에서 뒤의 NATION을 잘라낸 말로, 선박회사를 지정한다는 뜻의 무역용어다. 즉 화물수입을 위해 수입회사에서 운송회사를 지명할 때 '수입회사가 노미했다'라는 식으로 쓰인다.

7. 웨이빌(WAYBILL)

말 그대로 운송장이다. 즉 택배운송장처럼 단지 화물이 배나 비행기에 선적되어 해외로 송부되었다는 증명서 그 이상도 이하도 아니다. 국제택배로 운송하는 경우 운송장이 웨이빌이고, 비행기로 화물을 보낼 때 나오는 운송장은 에어웨이빌(AIRWAYBILL)이다. 그리고 배로 화물을 운송할 때 나오는 운송장이 씨웨이빌(SEAWAYBILL)이다.

8. 비엘(B/L)

Bill of Lading의 약자로 우리말로는 선하증권이라 한다. 선하증권은 배에 화물이 선적되었음을 증명하는 문서라는 말이다. 참고로 비엘이 발행되면 수입업자는 비엘 원본이 있어야 화물을 찾을 수 있다. 이와 달리 웨이빌의 경우 원본이 없어도 수입업자가 화물을 찾을 수 있다.

9. 쿠리어

꾸리어라고도 하는데, 영어 courier을 말한다. 일반적인 택배회사 처럼 집까지 배송하는 업체를 말하며, 차이라면 다른 나라에 있는 주소지로 배송을 한다는 것이다. 국제택배회사로는 우체국에서 운 영하는 EMS가 있고, 독일계 회사인 DHL이 있으며, 미국회사인 FEDEX가 있다.

10. 씨와이(CY)

Container Yard의 약자로 우리말로는 컨테이너 집하장이라 한 다. 배에서 내린 컨테이너 혹은 배에 실을 컨테이너를 모아두는 장 소다.

11. 티에이치씨(THC)

Terminal Handling Charge의 약자로 일반적으로 티에이치씨라 한다. THC는 항구나 공항에서 화물이 씨에프에스(CFS)로 이동하 거나 항공화물 집하장으로 이동할 때 등 터미널에서 처리되는 비 용을 말하는 것으로, 항구나 공항에서 이 비용이 발생한다.

12. TARE WEIGHT

빈 컨테이너의 무게를 말한다.

13. 유니패스

유니패스(unipass.customs.go.kr)는 관세청에 있는 패밀리 사이 트 이름이다. 유니패스에서 수출신고필증이나 수입신고필증 등을 출력할 수 있고, 여러 가지 통관 관련 정보를 확인할 수 있다.

14. 세 번

HS코드를 말한다. HS는 Harmonized System의 약자로, 수출이나 수입되는 화물에 대한 국제적으로 통일된(Harmonized) 분류 체계(System)를 말한다. 이러한 HS코드는 숫자(CODE)로 분류되어 있다. 예를 들어 덤프트럭의 HS코드는 8704.10-0000으로 나타낸다. 여기서 8704는 화물자동차를 나타낸다. HS코드 별로 관세 등이 기재되어 있어서 HS코드를 다른 말로 세 번이라고도 한다.

15. 간이통관

간단하고 쉽게 통관한다고 해서 간이통관이라고 한다. 통관은 국가기관에서 수출이나 수입되는 제품을 검사하는 과정을 말하는데, 보통은 수출이나 수입하는 사람이 수출품이나 수입품에 대한 일정한 서류를 제출해 신고하는 것으로 통관이 진행된다. 여행을 갔다가 해외에서 구매한 제품에 대해서도 세관에 신고해야 하는데, 무역을 모르는 사람에게 일반적인 통관신고서를 제출하라고 하면 힘들어하므로 간이신고서 등을 제출함으로써 약식으로 신고해 통관이 진행되도록 하는데, 이러한 통관을 간이통관이라 한다. 우리가 비행기에서 승무원으로부터 받는 '여행자 휴대품 신고서'가 일종의 간이 신고서다.

16. 간이정액환급

간단하고 쉽게 정해진 금액을 돌려받는 제도를 간이정액환급이라 한다. 수입화물에는 대부분 관세가 부과되는데, 수입제품이 수출제품의 부품 등 수출의 용도로 사용된 경우 수입시 납부했던 관세를 돌려주는 제도가 환급제도다. 보통의 환급제도는 서류도 복잡하고 작성도 까다로운데, 간이정액환급은 '수출제품 금액 1만 원당 얼마' 이런 식으로 간이한 방법으로 환급된다.

17. 목록통관

통관의 종류에는 정식통관, 간이통관, 목록통관이 있다. 목록통관의 경우 국제택배회사가 진행하는 것으로, 여기서 목록은 국제택배회사가 배송하는 물품 리스트 및 간단한 정보가 기재된 서류 등을 말한다. 목록통관은 과세가격이 150달러 혹은 200달러 이하의 제품인 경우 진행되며, 국제택배회사가 세관에 관련 물품 목록을 제출하는 것으로 통관이 완료된다.

18. 신용장

신용장은 엘씨(L/C)라고도 하는데, 엘씨는 Letter of Credit의 약자로 은행에서 발행한다. Letter of Credit에서 Credit를 신용이라는 뜻으로 번역해 엘씨를 번역한 것이 신용장이라는 말이다. 수입시 수입업자가 수입물품대금을 결제하지 못할 때, 은행이 결제하겠으니 은행을 믿고(신용) 물품을 팔라고 은행이 발행하는 서류가 바로 신용장이다.

은행보증서인 신용장에는 수입업자가 통관시 필요한 서류가 기재되어 있고, 수출업자는 이 서류를 준비한 후 은행을 통해 수입업자에게 송부한다.

19. 네고

NEGOTIATION에서 TIATION만을 잘라서 네고(NEGO)라고 한다. 수출업자가 화물을 수입업자에게 보낸 후 신용장에 기재된 수입업자가 요구하는 서류를 준비해 거래 은행에 제출하면 은행은 일정한 수수료를 뗀 수출물품 대금을 수출업자에게 주는데 이 것을 네고라 한다. 한편 은행이 서류를 돈을 주고 받는다고 해서 네고 대신에 매입이라는 표현을 쓰기도 한다.

20. 환가료

은행이 네고시 떼는 이자를 환가료라고 한다. 수출업자가 제출한 서류는 은행을 통해 수입업자에게 전달되고, 수입업자는 물품대금을 결제하고 서류를 받아서 화물을 인수한다. 그리고 수입업자가 결제한 대금은 은행을 통해 수출업자의 계좌에 입금되는데, 입금까지 보통 7일 정도 걸린다. 하지만 보통은 수입업자가 결제할 때까지 기다리는 것이 아니라 수출업자는 네고 때 7일치 정도의 이자를 떼고 은행으로부터 돈을 받는데, 이 이자 등이 환가료다.

21. 소구

거슬러서 요구한다는 말로 네고시 수출업자에게 지급한 돈을 다시 돌려달라는 것을 말한다. 네고 때 은행은 수출업자에게 수출물품대금을 지불하고 나중에 수입업자가 결제하는 대금을 받는데, 수입업자가 결제하지 않는 경우에 은행은 네고시 지급했던 물품대금을 수출업자에게 돌려달라고 요구하는 것을 소구라 하고 영어로는 RECOURSE라 한다.

22. 추심

찾아내서 가져온다는 말로, 보통 네고 때 수출업자가 준비한 서류에 문제가 생기면 은행은 수출업자에게 물품대금을 주지 않는다. 수출업자가 제출한 서류는 은행을 통해 수입업자에게 전달이 되는데, 수입업자는 물품대금을 결제하고 은행은 이 돈을 수출업자에게 전달한다. 이와 같은 과정을 추심이라 하며, 무역실무에서는 '추심을 돌린다'는 표현을 쓴다.

23. 유산스 신용장

신용장하에서 수출업자가 제출한 서류는 수입업자가 수입화물을 인수할 때 필요한 통관 서류로, 일반적인 신용장의 경우 수입업자는 결제를 하고 서류를 은행으로부터 받을 수 있다. 하지만 서류만 인수하고 결제는 나중으로 미룰 수 있는 신용장이 있는데, 이러한 신용장을 유산스 신용장이라 한다.

24. 환어음

어음은 보통 돈을 줄 사람이 언제까지 돈을 주겠다는 내용을 적은 약속문서인데, 환어음의 경우 돈을 받을 사람이 돈을 달라고 요구하는 어음이다. 신용장하에서 수출업자가 네고 때 서류와 함께 환어음을 은행에 제출한다.

25. 인코텀즈

인코텀즈(INCOTERMS)는 INternational COmmercial TERMS의 약자로 수출입시 발생하는 각종 비용과 책임을 누가 부담할지에 대해 정리해놓은 것을 말한다. 우리나라로 예를 들면, 보내는

자가 운송료를 지불하면 현불, 받는 자가 지불하면 착불이라고 한다. 이러한 착불과 현불 개념을 국제적으로 통용되게 정리한 것이 인코텀즈다. 인코텀즈에는 대표적으로 FOB와 CIF가 있다.

26. 적하보험

배에 적재된 화물에 대해 가입하는 보험을 말한다.

27. 써렌더 비엘

일반적으로 비엘은 원본이 있어야 수입업자가 화물을 찾을 수 있다. 하지만 이메일이나 팩스 등으로 보내는 사본으로도 화물을 인수할 수 있는데, 이러한 비엘을 써렌더 비엘(SURRENDERED B/L)이라 한다. 이미 원본 비엘이 발행된 경우 발행된 원본은 운송사가 인수한 후 써렌더 비엘이 발행된다.

28. 원산지증명서

영어로는 Certificate of Origin이며, 줄여서 씨오(C/O)라고도 한다. 제품이 실제로 생산된 곳임을 증명하는 문서로, 보통 관세를 낮출 때 쓰인다. 국가 간의 협의에 의해 특정 국가에 대해서는 관세를 낮추거나 없애기도 하는데, 세관에서 관세 책정시 특정국가의 제품이 맞는지 원산지증명서로 확인한다.

29. 프로포마 인보이스

Proforma invoice를 말하는 것으로 '미리 보내는 내역서'라는 의미로 이해하면 된다. 제품준비가 완료되면 수출업자는 수입업자에게 준비된 제품수량 등에 대해 통지하는데, 이때 작성하는 서류가 프로포마 인보이스다.

30. OEM

Original Equipment Manufacturing의 약자로 우리말로는 주문자 상표부착방식이다. 즉 OEM업체는 제품생산만 하고, 상표는 OEM업체에게 발주를 한 주문자의 상표가 제품에 부착된다. 즉 한국의 의류회사가 중국 제조회사에게 제품 생산을 의뢰하고, 한국 의류회사 상표가 제품에 붙는 방식이 OEM이다.

31. ODM

Original Development Manufacturing의 약자로 우리말로는 제조자 설계생산 혹은 개발생산이라 한다. 주로 유통망이 강점인 회사가 제품 개발 등을 다른 회사에게 맡기는 방식이 ODM이다.